Cinquième Année — N° Supplémentaire — 22 Avril 1897

REVUE THOMISTE

Paraissant tous les deux mois

QUESTIONS DU TEMPS PRÉSENT

PRIX
du présent numéro
0 fr. 35

PRIX
des 8 suppléments
1 fr. 50

RETRAITE PASCALE
DE
NOTRE-DAME

PAR LE
T. R. P. OLLIVIER

I

PARIS
BUREAUX DE LA REVUE THOMISTE
222, rue du Faubourg St-Honoré

DÉPOSITAIRES EXCLUSIFS POUR L'ÉTRANGER

BELGIQUE. — Société belge de Librairie, 16, rue Treurenberg, Bruxelles.
SUISSE. — Librairie de l'Université, à Fribourg.
HOLLANDE. — V° J.R. Van Rossum, à Utrecht.
CANADA. — Granger frères, 1699 rue Notre-Dame, à Montréal.

ESPAGNE. — Gregorio del Amo, 6, calle de la Paz (Madrid).
ALLEMAGNE ET AUTRICHE-HONGRIE. — B. Herder, ÉDITEUR PONTIFICAL à Munich (Bavière); à Fribourg (Bade); à Strasbourg (Alsace-Lorraine); à Vienne (Autriche).

ORNEMENTS  MAISON FONDÉE
D'ÉGLISE EN 1782

BIAIS AINÉ & CIE

FOURNISSEURS DE N.-S. P. LE PAPE
74, rue Bonaparte — PARIS

ATELIERS DE BRODERIES, LINGERIE, TAPISSERIE
BRONZE ET AMEUBLEMENTS COMPLETS
POUR ÉGLISES
Paris, 74, rue Bonaparte

FABRIQUE DE SOIERIES, GALONS ET PASSEMENTERIES
13, RUE LANTERNE, A LYON

Librairie **AUBANEL Frères**, éditeurs, imprimeurs de Sa Sainteté, à Avignon

SOMMAIRE
DE LA
DOCTRINE CATHOLIQUE
EN TABLEAUX SYNOPTIQUES
Pour servir aux Instructions Paroissiales et aux Catéchismes de Persévérance
PAR L'AUTEUR DES PAILLETTES D'OR
Honoré d'un Bref de Sa Sainteté Léon XIII.
Approuvé par plusieurs Cardinaux, Archevêques et Évêques.

PREMIÈRE PARTIE
I. *Les Commandements de Dieu et de l'Église.* — II. *Les Conseils évangéliques.*
III. *La Conscience.* — IV. *Le Péché.*
13e ÉDITION. — Un beau volume grand in-16 de xv-224 pages. — Prix broché : 2 fr. 2

DEUXIÈME PARTIE	TROISIÈME PARTIE
Le Symbole des Apôtres.	*La Grâce. — La Prière. — Les Sacrements.*
13e ÉDITION. — Un beau volume grand in-16 de xv-224 pages.	13e ÉDITION. — Un beau volume grand in-1 de xii-572 pages.
Prix broché : 4 fr. 25	Prix broché : 5 fr. 75.

Vient de paraître
L'AUXILIAIRE DU CATÉCHISTE
DICTIONNAIRE DES MOTS DU CATÉCHISME
Présentés en Tableaux Synoptiques par l'Auteur des PAILLETTES D'OR
Approuvé par S. E. Mgr le Cardinal Bourret, Évêque de Rodez, et par S. G. Mgr Sueur, Évêque d'Évre
Un beau vol. gr. in-16 de xxiv-386 pages. — Prix broché 3 fr. 75. — **CHEZ TOUS LES LIBRAIRES**

RETRAITE PASCALE

CARÊME 1897
DE L'ÉGLISE

LUNDI SAINT

NÉCESSITÉ DE L'ÉTUDE

Messieurs,

Comme nous l'avons vu, Dieu a daigné, par la révélation, rendre accessible à l'homme la vérité surnaturelle. Le but qu'il s'est proposé est facile à reconnaître. Tout d'abord, il a voulu s'unir à l'âme, devenir son principe de vie, et dès lors assurer son salut éternel ; en second lieu, il a visé le progrès de l'homme, même durant la vie présente, tant dans l'activité privée que dans l'activité sociale. Mais alors il est absolument inadmissible que Dieu ait fait à l'homme l'honneur de cette révélation, sans qu'il en résulte, pour tout être raisonnable, la nécessité d'une étude qui détermine une véritable connaissance. On ne pourrait concevoir autrement le dessein divin. La sagesse de Dieu et l'honneur de l'homme se donnent la main pour arriver à cette conclusion, que l'homme est obligé, dans son intérêt à tout point de vue, de s'attacher à l'étude de la vérité surnaturelle pour en tirer une science de plus en plus étendue. Surtout si nous venons à considérer que Dieu a fondé l'Église catholique dans le but de conserver et de répandre, à travers les siècles, la connaissance de la vérité et que, pour éviter à l'homme l'effort de la recherche, il a formulé lui-même la doctrine qui contient exactement et pleinement la science de la vérité, nous arriverons à cette même conclusion : il est impossible de concevoir le dessein divin, sinon comme entraînant une obligation pressante pour l'homme d'étudier la doctrine de l'Église catholique.

Nous voici donc en face d'un devoir auquel nous satisfaisons

(Sténographié par Gustave Duployé, 36, rue de Rivoli.)

plus ou moins, — moins plutôt — : le devoir d'étudier pour acquérir la science de la vérité catholique. C'est la raison même qui nous oblige à cette étude. Mais, si ce bref argument ne vous suffit pas, entrons dans le domaine des faits et insistons-y davantage. Mis en présence de la vérité révélée, vous passez dédaigneux ou indifférents, sans lui accorder l'honneur d'une attention sérieuse. En admettant que vous soyez incapables d'un effort laborieux, remarquez que la doctrine est mise sous vos yeux toute formulée dans une admirable simplicité. Donnez-vous donc au moins la peine de lire ces formules, avec assez de soin pour les comprendre et dans une bonne volonté qui essaie d'en voir les applications. La même indifférence ou le même dédain persiste trop souvent. Vous êtes une élite, Messieurs, et je ne puis vous adresser directement le reproche que je viens de formuler ; mais je puis bien, par-dessus votre tête, l'envoyer à beaucoup de ceux que vous connaissez, et encore, est-il bien certain que plusieurs d'entre vous ne le méritent pas ? Êtes-vous réellement les chercheurs de la vérité que supposent la révélation, la fondation de l'Église, le formulaire mis sous vos yeux ? Êtes-vous de ceux qui savent, veulent savoir davantage, veulent au moins savoir exactement ? Interrogez vos consciences : en bien des cas, il lui faudra répondre négativement. S'il en est ainsi, que va-t-il s'ensuivre ? Nous disions tout à l'heure : La révélation a pour but de produire, entre l'âme de l'homme et le cœur de Dieu, une union qui fait notre vie progressive et féconde, qui nous conduit des fatigues du temps au repos de l'éternité. Mais cette union n'est possible qu'en raison de la foi. Or la foi qu'est-elle ? J'ai dit, en passant, Messieurs, et vous ne l'avez peut-être pas suffisamment remarqué, que la foi n'est point affaire d'imagination ou de sentiment, mais d'intelligence et de raison tout d'abord. Ce que vous appelez la foi du charbonnier, — et dont vous déclarez trop volontiers vous contenter, — peut convenir au charbonnier : mais vous n'êtes pas tous charbonniers, je pense ! Si vous êtes capables seulement d'un effort insignifiant, je ne vous demanderai pas davantage. Si vous avez assez d'intelligence pour comprendre le prix de la vérité, et que vous en mettiez assez en œuvre pour l'étude des vérités secondaires, puis-je vous absoudre de professer la théorie de la foi du charbonnier ? N'y a-t-il donc que la vérité en sa plus haute expression et sa plus grande puissance qui ne mérite pas, de votre part, l'effort nécessaire pour joindre deux à deux et mettre un écu sur un écu ? Ce n'est pas acceptable. La foi n'est point affaire d'imagination ou de sensibilité, si ce n'est pour les femmes, comme vous dites, ou pour les petits enfants. Pour les hommes elle est affaire d'intelligence et de raison, par conséquent, affaire de connaissance et d'étude. En supprimant de votre programme la recherche assidue et pénétrante de la vérité révélée, il est clair que vous en supprimez la foi.

J'insiste, Messieurs, parce que je ne veux pas que vous vous fassiez d'illusion. Si vous ne savez pas suffisamment ce que vous devez savoir, et que vous n'ayez pas le désir d'acquérir ce qui vous manque dans la connaissance, parce qu'il vous en coûte de faire l'effort nécessaire à la continuation de la recherche, Messieurs, vous n'avez pas réellement la foi, celle du moins qui vous convient. La foi de l'enfant, de la femme, du charbonnier, n'est pas vôtre; et qui n'a pas la foi convenable ne l'a pas réellement, ne vous y trompez pas. Mais alors le salut de l'âme que devient-il? Il est manifestement compromis. « Celui-là, dit Jésus-Christ aux apôtres, quand il les envoie, celui-là qui croira sera sauvé : *Qui crediderit salvus erit*; mais celui qui ne croira pas sera condamné : *Qui non crediderit jam condemnabitur* ». Rien de plus clair. Comment croire à ce que vous ne connaissez pas? La croyance naît de la connaissance : vous n'avez pas la connaissance, et ne désirez pas l'avoir à la mesure suffisante, vous ne pouvez donc avoir la foi, et l'anathème tombe sur votre tête : « Celui qui ne croit pas est déjà jugé, » Il n'est pas dit : « Il sera jugé »... mais « il est déjà jugé ». Le fait de sa négligence, de son ignorance, ou de sa demi-science le condamne : « *jam judicatus est.* » Certes, Messieurs, ce ne sont pas là des questions dont on puisse rire ; et pourtant vous le faites trop souvent, laissez-moi vous le dire franchement. La légèreté, ou mieux, l'absence des connaissances religieuses, en notre temps, est chose déplorable, beaucoup moins encore en elle-même que par la manière dont on l'apprécie. Un homme bien élevé ne veut pas ignorer l'histoire, la philosophie, les mathématiques, les sciences naturelles : que lui importe de savoir ou d'ignorer son catéchisme ? Il en rit, au besoin : est-ce qu'il a le loisir de s'occuper de ces choses-là ? N'est-il pas absorbé par une foule de préoccupations plus pressantes ? N'a-t-il pas d'autres intérêts, d'autres occupations par conséquent, qui l'absorbent ? Même, pour certains, — et il y en a ici qui m'entendent, — n'ont-ils pas d'autres supériorités, d'autres plaisirs, d'autres jouissances à poursuivre ! Le Maître répond tout simplement par ces paroles qui font frémir : « Celui-là qui ne croira pas est déjà jugé. » Or, pour croire, il faut savoir. Donc celui qui par sa faute ne sait pas est condamné. Ce n'est pas moi qui prononce ; c'est l'éternelle sagesse et l'inéluctable justice qui vous avertissent de prendre garde. Les élégances du rire et les grâces du mépris ne seront guère de mise, le jour où il faudra rendre compte de la négligence qui a déterminé l'ignorance ou la demi-science. Ce jour-là il vous a dit ce qui vous attend : « *In interitu vestro ridebo et subsannabo.* Ce sera mon tour de rire et de me moquer »! Ne sentez-vous pas pénétrer jusqu'à vos os, et y déterminer un frémissement, la pensée de ce rire, de ce sarcasme divin accueillant, au seuil de l'éternité, le fou qui a cru bon de rire ici-bas des connaissances religieuses, et de laisser la religion aux femmes, et la théologie aux clercs.

Ainsi, une première conséquence, c'est la ruine de l'âme. Le Père Lacordaire disait ici, Messieurs, en parlant de l'amour de Dieu : « Toute question d'amour est une question de vie ou de mort, et, quand il s'agit de l'amour divin, c'est une question de vie ou de mort éternelle ». Mais l'amour naît de la connaissance : aimer, c'est savoir, et, par suite, les questions de connaissance surnaturelle sont des questions de vie ou de mort éternelle. N'en riez pas et faites votre profit de la parole que je viens de vous dire. Elle vous semble peut-être dure, mais il importe de ne point la diminuer dans son effet. Messieurs, la légèreté de nos esprits, l'insuffisance de nos études, et le vague de nos connaissances font peur, quand on songe aux conséquences.

Mais descendons, si vous voulez et, nous rapprochant des conditions ordinaires de la vie, étudions la même négligence dans l'ordre surnaturel et dans l'ordre naturel. La foi, disons-nous, est affaire d'abord de connaissance. La connaissance n'existe pas ou existe à demi parce que l'étude n'a pas existé. Que va-t-il en résulter ? Il est clair que la foi manquera de solidité. Or les attaques contre elle viennent aujourd'hui de partout. Nous ne pouvons pas faire un pas dans la vie intellectuelle sans que notre foi soit mise en question, et ce besoin qu'a l'homme d'attaquer tout ce qui le gêne est aidé, en notre temps, par toutes les forces, violentes ou rusées, dont l'erreur peut disposer. Le combat n'a peut-être jamais été, dans l'histoire de l'Église, plus ardent et plus périlleux. En face de ces attaques, il faut avoir, pour sortir vainqueur, une solidité de foi inébranlable.

Et alors, devant le monde, quelle physionomie faisons-nous ? Nous sommes aussi intelligents que d'autres, nous aimons à le dire ; nous avons derrière nous dix-huit siècles d'histoire intellectuelle qui devraient nous revêtir comme d'un splendide manteau, nous faire rayonner d'une gloire incomparable. Malgré cela, nous sommes les petits, les humiliés ; nous passons la tête basse ; nous avons peur de tout assaut, nous fuyons tout combat, nous sommes les vaincus de la première bataille. Notre foi n'est pas solide, et l'ennemi triomphe ; l'impiété pousse des cris de joie : avec un dédain superbe, elle nous oppose, comme on dit en style parlementaire, la question préalable. Discuter avec nous! Pourquoi? C'est inutile! Et l'on tourne le dos avec le mépris qu'on oppose aux rêves, aux imaginations superstitieuses ou hallucinées! Voilà comment on nous traite. Avouez-le, Messieurs, nous nous résignons trop facilement, mais logiquement à l'état subalterne dans lequel nous nous sommes jetés nous-mêmes. Nous n'avons pas de solidité dans la foi, et l'ennemi qui n'a rien de sérieux à nous objecter, est sûr d'avance de la victoire, parce que nous commençons par douter de nous, ne sachant rien sûrement ni exactement.

Telle est la situation. Vous ne savez pas l'embarras où vous nous mettez, nous, apologistes de la religion, lorsque vous venez nous dire : Mais pourquoi ne répondez-vous pas aux objections? Eh ! mon Dieu, Messieurs, parce que nous sommes pris entre deux sentiments : l'un de pitié profonde en face de la nullité de l'objection, — l'autre, d'embarras extrême à voir la multiplicité, la complexité ignorante des allégations : c'est une *olla podrida* où le diable lui-même, auteur cependant du mensonge et de l'erreur, ne se retrouverait pas ! Il faudrait des livres pour vous éclairer, et l'on ne sait par où commencer ce livre, que du reste vous ne liriez pas. Ce qui fait l'embarras, dans une lutte, c'est moins la force du lutteur, la puissance du jeu de l'adversaire que cet ondoiement, ce changement incessant d'allure, ce je ne sais quoi de fuyant, dans l'être que vous croyez saisir. L'ennemi triomphe, parce que nous ne pouvons même pas le définir !

Rien d'étonnant aussi comme la facilité avec laquelle vous acceptez la formule des objections qu'on vous propose. On vous prête des doctrines que vous n'avez jamais professées ; on attribue à l'Église des doctrines qu'elle répudie aussi bien que l'adversaire ; on donne des sacrements, de la foi, de la morale, de la hiérarchie, des définitions qui n'ont pas le sens commun, et vous vous battez bravement contre ces fantômes : vous êtes les Don-Quichottes de la théologie, et les moulins à vent sont les objections qu'on vous apporte !

Pensez-vous, Messieurs, que les journaux impies, les livres impies, les discours impies tiendraient cinq minutes devant un peuple qui sait son catéchisme? Malheureusement, le peuple ne le sait pas; mais le peuple, c'est nous tous, et même je serai franc jusqu'au bout, le peuple sait son catéchisme mieux que vous. Je vois ici bien des vieillards : y en a-t-il un seul qui pût dire ce que mon père me disait, à 82 ans : « Je pourrais encore réciter, sans me tromper d'une virgule, le catéchisme de l'Empire? » Y a-t-il même beaucoup de jeunes gens, si près qu'ils soient du catéchisme, qui pourraient le répéter? Non, n'est-ce pas? C'est ce qui fait la fortune des agresseurs. Nous voyons cela, nous, qui par métier, permettez-moi l'expression, sommes obligés de subir vos journaux et vos livres. Rien ne fait mal comme cette sottise triomphante. Voilà donc la caricature qu'on fait de l'Église! Voilà donc le mensonge qu'on appelle notre vérité! Et il n'y a personne, parmi les chrétiens, je ne dis pas pour démasquer, mais pour apercevoir le mensonge.

Parlons de vous, maintenant. Vous n'êtes plus aux combats du dehors, vous êtes aux prises avec vous-mêmes; vous avez à réduire ces doutes, ces agitations, ces embarras, ces malaises de l'âme qui se présentent surtout aux heures critiques de la vie. Votre foi va-t-elle pourvoir à cette difficulté? Non, parce qu'elle n'est pas claire. Le peu que vous savez, est chose vague, flottante, par conséquent, aussi faible dans la résistance qu'elle l'était dans l'attaque. La raison hésitant, l'acte ne s'accomplit pas; l'habitude vertueuse ne peut pas être déterminée, et votre vie suit les conditions de votre connaissance : elle n'est jamais définie dans la vertu, parce que la connaissance n'est jamais définie dans la clarté. Voilà ce que vous voyez tous les jours. Et alors commencent, même pour les meilleurs, ces vies chrétiennes d'aujourd'hui qui sont, voulez-vous me permettre l'expression? la comédie de la vertu chrétienne; alors commencent ces atténuations du devoir, cet effacement progressif de ce que la vieille langue chrétienne appelle la mortification, c'est-à-dire la domination de l'esprit sur la chair et de Dieu sur l'esprit; alors vous avez le spectacle que vous connaissez, celui de ces chrétiens et de ces chrétiennes pour lesquels le carême des catholiques français est devenu exactement la *saison* des protestants de Londres. Ce soir, il y aura, — dans les meilleures familles soi-disant catholiques, celles qui, par tradition domestique ou tradition de parti, ont la prétention de représenter l'esprit chrétien, — de vrais festins, à l'heure où la loi de l'Église appelle la mortification, des spectacles alors qu'il faut songer à ces graves pensées et ces paroles écrasantes qui naissent et tombent de la croix.

De là cette légèreté des mœurs et cette recherche du plaisir, sous couleur de vie chrétienne ; de là cette décadence morale, arrivant si près de la corruption qu'on hésite à ne pas en prononcer le nom ! Voilà ce que vous voyez partout.

Troisième conséquence : votre foi n'a pas de fécondité. Le Père Lacordaire vous disait : « Dès qu'une âme a la foi, elle est apôtre. »

En effet, il est impossible d'aimer Dieu et, en lui, les âmes, sans avoir besoin de donner Dieu aux âmes et les âmes à Dieu. Mais le moyen initial pour aimer Dieu, c'est la connaissance ; impossible de travailler pour la foi, sans la posséder et en vivre. Où en êtes-vous, Messieurs ? Quelle est la fécondité de votre foi ? Oh ! s'il s'agit de faire des bacheliers de vos fils, vous cherchez à leur donner la science ; s'il s'agit d'une belle affaire, vous exposez vos projets et cherchez à faire prévaloir vos plans ; s'il s'agit de réussir dans la vie politique, vous savez créer des disciples pour l'enseignement de la thèse nouvelle que vous cherchez à faire prévaloir.

Vous savez être apôtres pour tout le reste ; quand il s'agit de donner Jésus-Christ, en est-il de même ? Que celui de vous, Messieurs, qui a essayé de le donner aujourd'hui se lève ! Que celui de vous qui a senti son âme féconde et en a voulu activer la fécondité vienne le dire ! La réalité, c'est que nous sommes stériles. Le grand orateur que je citais tout à l'heure, a dit de votre siècle qu'il est celui des avortements : il n'y en a peut-être pas de plus complet et de plus déplorable que l'avortement de la fécondité chrétienne. Les pères ne sont plus capables de rien enseigner aux enfants, en matière de foi ; les maîtres déclarent qu'ils n'y sont pas obligés, vis-à-vis de leurs serviteurs ou de leurs ouvriers ; les princes, les magistrats... mais c'est le contraire qu'ils professent ! Avortement complet et radical ! Et quand ensuite on vient gémir devant nous de ce qu'on appelle la baisse de la foi, comment voulez-vous que nous accueillions la plainte ? Celui qui la porte est-il indemne ? Faut-il prétendre que le reproche ne le frappe pas d'abord au visage ? Avant de condamner la foi qui baisse dans les autres, a-t-il constaté qu'elle n'avait pas baissé en lui, et lorsqu'il déclare que les œuvres de la foi ne se voient plus nulle part, est-il de ceux qui peuvent montrer leurs œuvres et attester qu'il a fécondé sa foi ? Ah ! les petits se lèveront bientôt, Messieurs, s'ils ne se sont levés déjà, pour nous accuser devant la vérité éternelle ! Tous ces opprimés de l'esprit et de la conscience nous accusent ou nous accuseront devant Dieu. Les temps sont mauvais, très mauvais ;

mais ils le sont surtout parce que, comme disait le prophète, « les enfants errent par les places, gémissant et demandant du pain, et il n'y a personne pour leur en donner ».

Si, du moins, vous nous laissiez la liberté d'agir ; si, du moins, quand vous abdiquez, vous, les docteurs naturels de la famille, de l'atelier, du cercle des relations intimes, vous nous renvoyiez ceux que vous ne voulez pas éclairer ! Mais non. Vos enfants, il faut qu'ils aillent à toutes les écoles ; vos domestiques, il faut qu'ils soient à tous vos besoins, les ouvriers à tous vos profits, et, s'il reste du temps (mais vous faites en sorte qu'il n'en reste guère), ils pourront songer à Celui qui les a créés, ainsi que vous ; qui les jugera, et vous aussi ; qui les condamnera, par votre faute, et vous à cause d'eux ! Songez-y bien, Messieurs : ce ne sont pas là des idées plaisantes. Je ne sais si vous avez vu la question par ce côté, mais il est bon que vous arriviez à le voir. Votre foi n'a pas de solidité et ne résout pas les difficultés extérieures ; elle n'a pas de clarté, et ne résout pas les difficultés intérieures ; elle n'a pas de fécondité, elle n'enfante rien : et, quand un père n'enfante rien, qu'il n'est rien : « *Ut quid terram occupat ?* » Qu'est-ce qu'il fait sur la terre ?

Venons aux effets de l'ordre naturel. Vous dites peut-être : La vie naturelle n'a pas à compter avec ces idées-là. Pardon, Messieurs : beaucoup plus que vous ne le croyez.

Nous disions hier : Il n'y a pas deux vérités ni deux morales. La vérité est une en ses principes ; elle est une dans ses applications nécessaires, absolument comme la raison elle-même.

Si donc vous faites baisser la puissance intellectuelle à l'endroit de la recherche de la vérité surnaturelle, vous la faites baisser de la même manière à l'endroit de la recherche et de la possession de la vérité naturelle. Il est impossible que l'esprit humain se fasse paresseux, insouciant, à l'endroit de ce qu'il y a de plus relevé, sans devenir par là même impuissant, dans une mesure croissante, à l'endroit de ce qu'il y a de moins relevé. Vous dites : Mais je suis un être vivant par l'intelligence ; je creuse les mathématiques ; je sonde l'histoire ; je passe ma vie à interroger les arcanes de la philosophie ; je suis un être qui vit de vie intellectuelle. Soit : vous n'avez donc jamais songé que l'organe et la fonction sont faits l'un pour l'autre et que, si vous avez reçu de Dieu une intelligence faite pour connaitre la vérité surnaturelle, elle n'aura de puissance qu'autant qu'elle s'appliquera à l'objet proposé : et que, si vous disjoignez l'organe et la fonction, la fonction abandonnée paralysera l'organe ? L'aigle est fait pour dépasser les sommets; il est fait pour se balancer librement au plus haut des airs, l'œil fixé sur les profondeurs de la lumière. Vous avez trouvé bon d'arrêter l'aigle à mi-côte, de lui donner comme atmosphère l'air équivoque qui flotte entre les bas-fonds et les sommets, et vous ne vous êtes pas aperçus que les grandes ailes destinées à porter au ciel l'oiseau de la foudre s'atrophient progressivement?

Ne vous êtes-vous pas aperçus de cette baisse universelle de l'intelligence en notre temps? Vous le répétez pourtant tous les jours! A vous entendre, l'esprit humain n'a plus le souci des hauteurs ; il n'a plus le goût des choses délicates et élevées ; il ne se plaît plus à la contemplation des abîmes et aux bondissements sur les sommets. Non, plus de tout cela : nous avons embourgeoisé notre intelligence. Jadis, c'était noblesse que de courir les risques du vertige et du précipice. Aujourd'hui, tranquilles dans des chemins sablés, sous des bosquets taillés à l'anglaise, nous sommes contents, n'est-ce pas ? du terre-à-terre, trouvant, le long du chemin, le moyen de nous ménager quelques profits ou quelques jouissances et, au terme, un succès de fortune ou de plaisir. C'est très bien... Mais où sont les aigles? Les aigles, depuis longtemps, il n'y en a plus guère : et quand, par hasard, un cri détonne sur la platitude des bruits auxquels sont habituées nos oreilles, il semble que ce soit quelque chose d'effrayant, d'anormal, et nous passons inquiets, craignant presque d'entendre! Voilà ce que nous avons fait de nos intelligences. La haute philosophie, les profondeurs de la théologie, qu'est-ce que cela pour nous? L'homme ; dans l'homme ce qu'il y a de moins bon : la chair, et, pour la chair, la terre dont elle se nourrit, en attendant d'aller la nourrir, — voilà ce qui nous suffit! Des machines qui suppléent aux bras de l'homme, tourmentent la terre et en font sortir la richesse, afin que la richesse donne le repos et le plaisir, les influences et les honneurs, voilà l'objet de nos pensées. Mais l'homme et ses destinées ; le voisinage de Dieu et sa contemplation; les mystères de l'invisible et de son action dans le monde, nous n'avons guère préoccupation de ces choses !

Que devient alors la vie du cœur? Où sont les goûts affinés, les généreux efforts, les détachements héroïques? Où est ce qui représente, comme je le disais tout à l'heure, la domination de l'esprit sur la chair, et de Dieu sur l'esprit? Regardez le long de vos rues, aux vitrines : ouvrez les livres qui se trouvent sur presque toutes les tables de salons ; allez achever votre soirée dans un théâtre ; écoutez les discours qui tombent de toutes les chaires plus ou moins autorisées, et vous verrez ce qui reste de la délicatesse des goûts français ; vous pourrez vous dire ce qu'il y a encore de générosité vraie dans cette légèreté et cette insouciance qui ont dépassé de beaucoup ce que l'on stigmatisait en évoquant le dix-huitième siècle. Ah ! Messieurs, quelle pitié ! En ce temps, où nous sommes devenus tous rois, nous avons à la bouche la parole royale: « Oui, tout s'en va, le vieil honneur français, avec la vérité et la liberté antique. La France ne tient plus, dans le monde, le rang qui lui convient : elle se tisse elle-même un linceul où il y a plus de souillures peut-être qu'il n'y a de fils, au point de vue intellectuel et moral !.. Allons toujours, cela durera peut-être autant que moi ! » Voilà notre niveau ! Que se prépare-t-il ? L'abaissement total, le règne assuré du mensonge et de l'immoralité. Alors ce formidable silence, dans lequel aucune voix ne pourra plus s'élever au nom de la justice et de l'honneur ; alors cette servitude immense, à laquelle se ruent les hommes qui parlent le plus de liberté : *ruunt in servitutem* ; alors cette tyrannie formidable de tout ce qui est inintelligent et dépravé : alors cet écrasement de la conscience et de la patrie ; voilà ce qui nous attend. Oh ! c'est une petite cause, en apparence, que l'ignorance du catéchisme... Voyez où elle mène. Vous ferez des martyrs avec la foi : avec la raison toute seule, vous ferez des esclaves.

Ainsi abaissement du niveau intellectuel, abaissement du niveau moral, même abaissement en la vie publique, telles sont les conséquences de cette insuffisance de science, pour ne pas dire de cette ignorance totale. Trouvez-vous, Messieurs, que Dieu ait raison de s'en indigner, et ne vous semble-t-il pas que nous aussi, avec un reste d'intelligence et de cœur, nous devons faire comme lui et nous indigner contre nous-mêmes ?

Je vous le répète, Messieurs, je n'oublie pas où je suis et à qui je parle. Vous êtes une élite ; mais précisément parce que vous êtes une élite, vous devez être encore capables d'entendre et de comprendre ces choses, de réagir contre les misères que je signale et c'est pourquoi je vous parle ainsi. Aux autres, à quoi bon ? Il y a longtemps que le prophète a écrit l'histoire de leurs docteurs et d'eux-mêmes : *Mentientes populo credenti mendaciis* : « Ils se dépensent en mensonges qu'accepte un peuple ami du mensonge. » Que pourrions-nous faire parmi eux ? C'est de vous, Messieurs, que doit venir la réaction. Vous êtes capables d'agir, et il faut agir tout de suite. Demain, peut-être, il manquera quelqu'un à cet auditoire. Aura-t-il eu la générosité de reconnaître son erreur et de commencer à la réparer? Tant mieux : la vérité éternelle l'accueillera en homme de bonne volonté. Mais, s'il n'a fait, comme tant de fois sans doute, que tirer une conclusion plus ou moins pratique, indéfiniment ajournée, croyez-vous qu'il sera reçu avec complaisance?

Les peuples, semble-t-il, tombent moins rapidement dans la mort... Hélas! Messieurs, nous qui avons un peu vieilli, nous savons qu'il ne faut pas longtemps pour jeter un peuple d'un bord sur l'autre. Le navire sombre sous le choc en quelques minutes : les peuples sont ce navire et il ne faut pas longtemps pour qu'il sombre! Soit donc que nous regardions uniquement nos propres intérêts, — soit que nous regardions, à l'autre extrémité des choses, les intérêts d'un peuple, — soit qu'entre les deux nous ayons souci de ces pauvres âmes qui comptent avec nous — de ces petits qui nous demandent du pain et à qui nous n'en donnons pas — de ces humbles qui appellent la lumière et à qui nous ne l'envoyons pas ; — de ces faibles qui demandent la force et que nous laissons dans l'écrasement, — quoi que nous considérions, — il est temps d'agir sans délai, de nous mettre aussitôt à l'œuvre, afin que, demain à l'aurore, le Seigneur Dieu, nous voyant confus de la perte du temps passé et décidés à utiliser l'heure qu'il nous laisse encore, dise de nous : « Paix aux hommes de bonne volonté! »

Messieurs, permettez-moi d'espérer que je n'ai pas parlé en vain; qu'en des esprits sérieux et des cœurs généreux comme les vôtres, je n'ai pas jeté vainement cet appel à la recherche de la vérité et à la glorification de la raison humaine. Car c'est là, Messieurs, la conclusion de ce que nous venons de dire. Dans l'Écriture, la Sagesse divine parle ce magnifique langage : « Venez à moi vous tous qui avez besoin de la vie plus large et plus féconde. Venez! Ceux qui *m'élucident*, c'est-à-dire qui me pénètrent et me prêchent, auront la vie éternelle. » Le Seigneur, dans l'Évangile, vous parle en s'adressant à la Samaritaine : « Vous êtes venus bien des fois puiser aux puits de la sagesse humaine l'eau de la science naturelle, qui a étanché un instant la soif de votre intelligence, et vous avez encore soif. L'eau que je vous offre à boire est, au sein même de celui qui la boit, comme une source qui éteint la soif et jaillit jusqu'à la vie éternelle! Venez donc à moi et vous n'aurez plus soif. Venez à moi qui suis la vérité, la voie qui vous y mène, la vie qui en résulte pour le temps et pour l'éternité!

MARDI SAINT

CARACTÈRES DE L'ÉTUDE

De ce que Dieu a daigné se révéler et qu'il a renfermé la science de cette manifestation dans la doctrine de l'Église catholique, il résulte, pour nous, l'obligation de rechercher la connaissance de cette doctrine. Il serait inadmissible que Dieu se fût manifesté, et que l'homme ne dût pas profiter de cette manifestation. Il le serait aussi que la doctrine de cette révélation fût conservée par le ministère d'une société créée expressément pour elle, et que l'homme n'eût pas obligation de s'enquérir de cette doctrine et d'en acquérir la connaissance aussi complète et aussi exacte qu'il peut l'avoir. Donc il y a, pour nous, une obligation stricte d'étudier la doctrine catholique et d'en avoir, non pas la demi-science — qui est toujours une injure pour la vérité et pour la raison — mais la connaissance exacte et complète, autant que les circonstances le permettent.

Faisons un pas en avant. Il faut étudier; mais comment faut-il étudier? Peut-être dites-vous que je vous retiens à des considérations par trop élémentaires? Non, Messieurs, si vous voulez examiner sérieusement avec moi la question, vous verrez qu'il est bon de s'y arrêter. Les trois mots, qui définissent mon sujet, suffiront certainement à exciter en vous l'attention dont j'ai besoin pour son développement. Il faut étudier avec gravité, avec loyauté, avec générosité : trois mots qui vous sont familiers, dont le sens vous est clair, et dont vous ne craignez pas l'application à vos actes. Nous allons y réfléchir ensemble.

Je dis, Messieurs, qu'il faut étudier avec gravité ou avec sérieux. Que l'on traite légèrement des idées légères, l'esprit qui s'abandonne à cette légèreté pourra n'être pas jugé trop sévèrement, à condition toutefois qu'il n'ait aucune prétention au sérieux de la vie intellectuelle. Mais il est ridicule de viser à des connaissances sérieuses sans mettre, dans l'effort que l'on fait pour y atteindre, la gravité qu'elles supposent nécessairement. On ne pénètre pas une idée, sans attention, sans suite et sans persévérance.

Surtout s'il s'agit de ce qu'il y a de plus relevé en fait de connaissance, c'est-à-dire de Dieu parlant de soi-même, révélant sa nature, sa vie intime, ses desseins, ses œuvres, au premier rang desquelles nous sommes, comme objet suprême des préoccupations divines ; — quand il s'agit de nous, de notre nature, de notre activité ici-bas, de la fin de cette activité, de l'ensemble de rapports qui existent entre notre principe qui est Dieu, et notre fin qui ne peut être que Dieu ; — quand il s'agit, par conséquent, de ce qu'il y a de plus sublime comme conception, de plus profond comme doctrine, de plus effrayant comme conséquence, allons-nous traiter légèrement cette étude ? Comprenez-vous qu'un esprit respectueux de soi-même aborde un pareil sujet avec légèreté ? Non ; ce n'est pas possible. La gravité est de toute nécessité dans la manière de concevoir l'étude de la vérité catholique, et dans la manière de s'y appliquer. Or, disions-nous tout à l'heure, la gravité suppose l'attention, la suite et la persévérance.

L'attention est ce regard de l'esprit qui couve, pour ainsi dire, la pensée, la circonscrit, et cherche à la pénétrer jusqu'au fond ; non pas un regard qui glisse à la surface, comme le vol du papillon passant sur toutes les fleurs sans se fixer à aucune : mais vraiment le repos de l'esprit en l'objet qu'il a choisi, dont il rêve la pénétration et l'exploitation, aussi complètes qu'il est possible. Telle est la première qualité d'une véritable étude.

Elle serait de très peu de valeur, si la suite n'existait pas dans les efforts. Je peignais tout à l'heure ce papillon qui voltige de fleur en fleur, sans itinéraire tracé, sans aucun plan qui lui fasse prendre à celle-ci sa sève, à celle-là son parfum. D'un vol capricieux, il aborde tout et ne se fixe nulle part ; il va, revient, repart encore, touche cent fois la même corolle, sans jamais y descendre comme il convient ; pendant qu'à côté, l'abeille, qui n'a point le chatoiement de ses couleurs, humble ouvrière vêtue de couleur sombre, qui semble à peine avoir des ailes, s'en va aussi de fleur en fleur, mais avec méthode, les sondant jusqu'au fond de leur calice, y prenant ce qui est utile à la composition de son miel, et ne passant à la seconde que pour compléter l'emprunt fait à la première. Celle-ci, nous la comprenons comme industrieuse et productive ; son brillant rival ne mérite pas de louange pareille. Toucher à tout sans ordre et sans suite, c'est peut-être se donner des jouissances, que je ne veux pas calomnier, parce qu'il est toujours agréable de toucher à la vérité ; mais ce n'est pas de cette joie que nous devons avoir le désir. C'est la joie des enfants, vite fatigués de ce qui les a séduits un instant. Il en arrive très souvent de même aux hommes qui ont la prétention d'étudier, sans ordre et sans suite. Leur effort n'enchaîne pas ses actes et ne produit rien de réel : lorsqu'on vient à regarder de près cet esprit, dans lequel ils paraissent avoir entassé tant de connaissances, on trouve, comme on a dit justement, une bibliothèque renversée et dont les livres gisent pêle-mêle sur le sol : des éléments de connaissances, mais en réalité nulle connaissance véritable. Impossible à eux-mêmes de s'y retrouver.

Nous savons réellement, Messieurs, ce que nous avons appris dans la patience que demande la suite ; et parfois combien cela coûte ! Voyez les enfants ! Ils sont curieux ; ils ne demandent pas mieux que d'apprendre beaucoup de choses ! Oui, mais à la condition que, suivant leur caprice, ils passeront, de la grammaire à peine ouverte et sitôt refermée, à l'histoire, à la géographie, aux fables, qu'ils traiteront de la même manière. Ce qui fait qu'ils se lassent vite de l'étude, parce qu'ils n'en peuvent avoir le goût, n'y trouvant pas de profit immédiat. L'homme traite souvent la vérité religieuse de même façon. Il lit, écoute, consulte, médite, affirme-t-il ; et que retire-t-il de tout cela ? Rien ! Il a sauté du sermon qu'il venait d'entendre, à la Revue dans laquelle il croyait trouver une meilleure lumière, sans s'y plus attacher qu'à la parole du prêtre. Rien, absolument rien comme résultat. Il faut un peu plus de suite et d'enchaînement dans les efforts, si l'on veut des résultats.

Après quoi, naturellement, vient la persévérance. Il faut du temps à tout, Messieurs. Si je vous disais que l'on peut savoir une langue étrangère, l'histoire de son pays, ou les mathématiques transcendantes, sans y avoir mis du temps, vous ririez, à bon droit. Et pourtant vous commettez la faute de croire et de dire que la vérité religieuse demande un coup d'œil simplement, — quelques heures, mettons quelques jours, — et c'est assez. Des autres sciences, dès qu'elles sont de caractère plus relevé et de portée plus considérable, vous dites : « C'est l'étude de toute la vie. » Or, ceux-là qui ont vraiment fait de l'étude leur vie, affirment que la vie s'achève au moment où l'on commence à savoir comment il convient d'étudier. Le nouveau bachelier croit tout savoir : — le professeur, qui lui a donné son titre, déclare, en le lui conférant, qu'il le juge en état de commencer à apprendre. Eh bien, c'est le contraire, le plus souvent, qui est dans nos convictions, surtout lorsqu'il s'agit de la doctrine catholique : le peu qu'on a appris au catéchisme se grossit du peu qui s'y ajoute au collège, si tant est que le collège ajoute quelque chose), et puis c'est fini! En admettant, pour quelques-uns, qu'ils veuillent encore faire à la vérité surnaturelle l'honneur d'y revenir, ils procèdent comme nous le disions tout à l'heure : un article de Revue par ici, un sermon par là, une conversation de hasard avec un prêtre, et puis c'est tout. Cependant, Messieurs, y a-t-il un moment dans la vie où notre âme ne soit le sanctuaire naturel de la vérité révélée? Non. Est-il un moment dans la vie, où vous ne la sentiez engagée dans cette double lutte que je signalais hier, celle qui naît des attaques du dehors et celle que produisent les attaques du dedans? Non. Est-il un moment dans la vie où nous cessions d'être sous l'œil et dans la main de Dieu, et où nous ne devions pas y penser? Non, il n'y en a pas. Mais alors quelles doivent donc être l'étude et la science de la vie, sinon l'étude et la science de la vérité surnaturelle? On peut, un jour venu, cesser de s'occuper de mathématiques, de philosophie, d'affaires ; mais est-on jamais arrivé à la perfection qui convient à l'homme suivant la vérité révélée, et par conséquent, a-t-on touché le terme où il convient d'en cesser l'étude et d'en croire la science achevée? Non, mille fois non! Les plus avancés dans la connaissance ont tout au plus le droit de se dire capables de l'étendre au gré de leur désir; car, devant la vérité surnaturelle, c'est-à-dire devant l'abîme, il n'y a jamais de possession suffisante ni de pénétration complète, — jamais de science achevée, mais l'espérance plus ou moins affermie de la connaissance réellement exacte, à condition de continuer l'étude. Dès lors, Messieurs, au lieu de vous en référer à ces quelques années lointaines, où vous avez appris par à peu près votre catéchisme, ou à ces réveils fugitifs des connaissances d'autrefois qui viennent d'une lecture ou d'une audition, faites à la vérité l'honneur d'une étude véritable, attentive, suivie, persistante, jusqu'à ce que la lumière éclaire vraiment votre esprit à l'endroit des points douteux. Dieu ne se refuse pas à ceux qui le cherchent, comme il convient de le chercher.

La seconde qualité de notre étude, — je vais peut-être vous étonner en la rappelant, — c'est la loyauté. Est-il donc possible de n'être pas loyal dans une étude? Oui, très possible, d'autant plus possible que le résultat de l'étude peut devenir plus gênant. On a souvent dit, et je le répète volontiers, que la raison et la vérité sont faites l'une pour l'autre ; que la raison ressent une attraction naturelle vers la vérité, qui paraît s'empresser de descendre vers l'intelligence. C'est toujours vrai de la vérité, presque jamais de la raison. Si la vérité ne gênait pas l'orgueil et la sensualité, les choses iraient tout droit! Mais dès que l'âme soupçonne, dans l'objet de son étude, une gêne pour sa vanité ou sa mollesse, elle se met en défiance. Les petits enfants, dès qu'on ouvre le syllabaire, se mettent en garde : c'est l'ennemi! Ils y devinent. imposée à leur nonchalance, une contrainte qui va aller grandissant à mesure qu'ils avanceront et, s'ils disent volontiers A, sous l'empire de la curiosité enfantine, ils hésitent devant B qui pourrait entraîner la prononciation de C. L'homme procède absolument de même. Ne sommes-nous pas de perpétuels enfants? L'Écriture l'affirme et l'expérience le démontre. Nous sommes en défiance contre toute vérité dont nous ne pouvons pas prendre immédiatement la mesure. La mesurer serait la dominer; la vérité surnaturelle, étant de mesure impossible à prendre, nous inspire l'espèce d'horreur, dont parlaient les Anciens : *sacer horror*, qu'on éprouve le soir, à l'entrée des vastes nefs et sur la lisière des forêts, où le chemin se perd dans l'ombre de la nuit.

Rien n'est plus difficile que d'arriver à la vérité l'âme libre, et de lui dire d'avance : Quoi que je découvre en vous, je l'accepte; quelque orgueil que je doive sacrifier, me voici; quelque contrainte que je doive subir de votre part, je la subirai. — Rien n'est rare comme cette disposition, et, pourtant, lorsqu'il s'agit de la vérité divine, il ne convient pas de l'aborder autrement. La vérité substantielle, c'est Dieu lui-même; la doctrine qui nous le manifeste, c'est la parole de Dieu. C'est toujours le divin, et puisque nous acceptons la réalité de la vérité surnaturelle renfermée dans la doctrine de l'Église catholique, nous devons lui témoigner un souverain respect dès l'abord; et la forme propre de ce respect, c'est la loyauté. — « Je vous arrive, devons-nous lui dire, comme un mendiant qui demande l'aumône; comme un sujet qui va rendre hommage; comme un enfant qui sollicite le sein maternel. Je vous arrive donc en répudiant d'avance tout préjugé, toute répugnance, toute révolte possible. Vous ferez en moi et de moi ce qui vous conviendra. Je vous demande d'éclairer les replis où se cache la faiblesse que je n'ose m'avouer, de dissiper les ombres où s'effacent à demi mes idées et mes habitudes. Mettez en mon âme la plénitude de la lumière, la splendeur de votre rayonnement. Dissipez les puanteurs qui s'élèvent des bas-fonds où jamais le soleil n'a pénétré, et dans la pure atmosphère que vous allez créer, dilatez mes poumons, rajeunissez mon sang, refaites ma vie. Sans doute, il m'en coûtera de modifier mes idées, mes goûts, mes habitudes. Mais, si je vous demande, ô beauté suprême, de lever votre voile ; — si je vous demande, ô amour sans mesure, de transformer mon cœur ; — si je vous demande, ô puissance infinie, de m'emporter avec vous jusqu'aux régions éternelles ; si je vous demande de me diviniser à votre contact, c'est bien le moins que je purifie la coupe où je veux recevoir la liqueur céleste ; que je dilate mon cœur pour y faire toute la place désirable à la divine visiteuse, que je renonce à être l'esclave de moi-même pour laisser toute liberté d'action à celui qui daigne se substituer à moi, et me donner, avec la liberté, la plénitude de sa force et la certitude de son bonheur. » — Pourquoi venir à la vérité avec un regard louche, en se laissant traîner comme un enfant maussade, uniquement préoccupé des efforts et des sacrifices à faire ?

De la loyauté, Messieurs, de la loyauté ! Que sommes-nous, après tout, pour dresser la tête avec tant d'orgueil ? pour croire que nous sommes la seule règle de notre vie ? pour nous adorer nous-mêmes ? Si nous avons un peu de bon sens et de dignité, remercions Dieu qui daigne s'occuper de notre misère, pour la transformer en puissance ; qui daigne descendre en nos ténèbres, pour les faire lumière, et n'allons pas réaliser en nous la parole de l'Apôtre : « La lumière a brillé dans les ténèbres et les ténèbres ne l'ont pas connue. » La vérité nous sollicite ; allons à elle loyalement. C'est une reine, et nous ne sommes que des serviteurs ; allons à elle loyalement. Elle est la loi de toute existence et nous ne sommes que les humbles serviteurs de la loi ; allons à elle loyalement. Principe éternel de la liberté, elle étouffera la licence ; eh bien, renonçons à la licence, et allons loyalement à la liberté. Nous voulons voir, ouvrons les yeux ! Nous voulons sentir l'étreinte de la vérité, découvrons notre poitrine, et que le coup vainqueur de la vérité atteigne jusqu'au plus profond du cœur !

De la loyauté ! Ce n'est pas facile, peut-être ; mais la vérité veut de nous, avec la gravité qu'impose sa grandeur, la loyauté que réclame notre honneur à nous-mêmes. Est-il rien de méprisable comme de s'aveugler volontairement, en face du devoir ? Si nous sommes des hommes, disons à la vérité : « Me voici, faites de moi ce qu'il vous plaira. »

Mais alors une troisième qualité est nécessaire à l'étude : c'est la générosité.

Évidemment, on n'est pas pleinement loyal sans être généreux, c'est-à-dire sans montrer d'énergie. La loyauté accepte les principes dès qu'ils se montrent, et les conséquences, lors même qu'elle ne les voit pas encore, parce qu'il est impossible à un esprit droit de ne point accepter un principe en toute sa forme. La loyauté consiste donc à dire, non seulement : « Je reconnais la justesse de ce principe », mais aussi « Il engendre nécessairement des conséquences que j'accepte en toute bonne volonté. » Je le répète : cela ne se fait pas sans générosité, qui mette immédiatement le principe en action. Et pourquoi ?... pour une raison très simple : nous le savons tous, par expérience, dans les doctrines pratiques, un principe n'a sa plénitude de lucidité, et, par conséquent, ne satisfait pleinement l'intelligence, qu'autant que nous l'avons mis en action. Les théories d'ordre purement spéculatif n'ont pas besoin d'être appliquées pour frapper l'esprit et y produire la conviction. Mais, quand il s'agit de doctrines d'ordre pratique, il faut que nous les ayons vues à l'œuvre pour en comprendre exactement la justesse. Or le premier terrain d'application des principes à étudier, c'est nous-même. Il est infiniment plus commode, c'est vrai, d'en laisser l'initiative aux autres ; mais l'expérience des autres n'aura jamais pour nous la valeur de notre propre essai.

L'étude d'autrui, disions-nous l'autre jour, est une étude de divination, beaucoup plus que de science. L'homme est un mystère impénétrable ; à moins qu'il ne se révèle spontanément, vous ne le connaîtrez qu'à demi. Il n'y a que nous-même pour qui le terrain soit largement éclairé, par qui le son puisse être exactement vérifié lorsque la vérité nous frappe et nous fait vibrer. Si nous voulons savoir ce que valent les applications d'un principe, il faut les étudier, non dans la divination que suppose la connaissance des autres mais en nous-même. Je crois à la solidité du principe, j'en accepte par avance les conséquences rationnelles. Mais comme je ne jugerai bien du principe et de ses conséquences que par l'application, je m'éclaire par ma propre expérience. Je fais procès non pas aux préjugés ou aux passions du voisin, mais à mes préjugés et à mes passions. Voilà ce que fait la générosité. Alors la vérité se révèle pleinement, devient un principe de vie, s'identifie pour ainsi dire à notre âme, ou plutôt devient notre âme ! Elle fait de nous des êtres nouveaux ; elle nous entraîne avec elle dans son vol vers l'infini, et nous fait asseoir sur le trône d'où elle domine la vie intellectuelle, à condition que nous ayons payé la rançon de notre captivité, rendu hommage à sa souveraineté, et donné les gages de cette union merveilleuse qui se consommera dans l'éternité.

Ce n'est pas facile. La loyauté n'est pas aisée, disions-nous, surtout quand elle arrive à s'appeler générosité. En théorie, on accepte la possibilité des conséquences ; quant à les appliquer, c'est une autre affaire. La générosité ne se contente pas de dire, en théorie : « Le principe est juste et l'application rationnelle » ; elle forme immédiatement la résolution de vérifier en soi-même la justesse de l'application et, par conséquent, la force du principe. Non seulement elle forme cette résolution, mais, dès que les circonstances lui permettent l'application effective, elle y entre. Elle est immédiatement la sujette de la vérité, non seulement par l'intelligence, mais aussi par le cœur, par la volonté, même par la chair soumise à l'épreuve, en un mot, par toute la vie. Alors la vérité, pour parler le langage de l'Écriture, — écarte ses voiles, apparaît en la plénitude de sa beauté, rayonne de tout son charme aux regards éblouis, pénètre de sa flamme et enivre de sa joie les âmes qui ont daigné l'accueillir, et lui faire à leur foyer une place où elle pût librement épancher les trésors de son cœur.

Ah ! Messieurs, si c'est ainsi que nous avons désiré savoir, oui, nous saurons ! Tout au contraire, si vous n'avez pas, jusqu'à présent, atteint la connaissance désirable, veuillez faire un retour sur vous-mêmes ! Demandez-vous ce qu'a été l'application de votre esprit à la doctrine catholique, quelle suite vous avez mise dans votre recherche, quelle durée vous lui avez donnée. Demandez-vous avec quelle simplicité, quelle sincérité, quelle loyauté, vous avez abordé la vérité. Recherchez s'il n'y a pas eu, contre elle, ces défiances qui devaient empêcher la rencontre ! Demandez-vous enfin si vous avez mis loyalement à ses pieds votre volonté, votre cœur, votre chair, en lui disant : « Je vous demande de vous donner à moi, et en preuve que c'est mon désir, je me donne tout entier. J'appelle, répondez ! » S'il n'en a pas été ainsi — comme malheureusement il arrive d'ordinaire — reconnaissez-le, ce n'est pas la vérité qui est en défaut. C'est vous qui avez manqué à la vérité, et vous ne pouvez vous plaindre de n'avoir pas la science suffisante, et la vie pleine qui en résulte pour l'esprit.

Mais bien plutôt, Messieurs, puissiez-vous être consolés par la pensée d'avoir aimé la vérité, de l'avoir réellement cherchée et traitée avec la dignité qu'elle requiert, dans le sérieux de l'étude et l'abandon d'une âme loyale. Si, jusqu'à présent, elle n'a pas opéré en vous cette illumination dont je parlais tout à l'heure, ne désespérez pas. Vous dites : « Je voudrais avoir la foi et ne puis pas l'avoir. » Puisque vous la voulez, vous l'aurez ! Vous cherchez la lumière : vous la trouverez ! Vous frappez à la porte de la science :

ne craignez pas que la porte reste fermée ! La sagesse éternelle a, comme toutes les beautés, ses réserves, qui honorent notre poursuite et nous font mieux apprécier la joie de l'heure où elle tombe vaincue dans nos bras ; elle fait quelquefois durer les heures de l'incertitude et du doute, pour que notre loyauté et notre générosité s'affirment avec plus d'éclat : mais nous pouvons dire d'elle ce que l'apôtre disait du Christ lui-même : « N'ayez pas peur de trop attendre. Le voici qui vient : *Ecce venit.* »

Pressez le Dieu de vérité, sollicitez-le, en lui criant : « Venez ! » Il ne tardera pas à paraître, et, dissipant les nuées qui le portent, rayonnant de toute sa splendeur, il se fera votre ami. Alors, le cœur sur le cœur, vous sentirez qu'il se refuse seulement à celui qui ne le désire pas ; que son plus grand bonheur est de se jeter dans les bras de ceux qui le sollicitent, — et, si tant est qu'il les ait fait attendre, — d'augmenter leur joie de tout ce qu'il y a eu d'angoisse et d'inquiétude dans le retard de sa venue.

MERCREDI SAINT

MOYENS DE L'ÉTUDE

Messieurs,

De ce que Dieu a daigné se révéler et laisser dans le monde, par l'Église catholique, la doctrine de sa révélation, il y a, pour nous, une obligation stricte d'étudier la doctrine catholique. Cette étude doit se faire, comme nous le disions hier soir, dans les conditions de gravité, de loyauté et de générosité qui en assurent les effets. Cela semble si simple qu'avoir exposé cette doctrine, c'est avoir le droit d'attendre qu'elle soit pratiquée par tous ceux qui l'ont entendue. Il n'y a rien de plus conforme à la dignité de la vérité et à l'honneur de la raison humaine que cette recherche de la doctrine qui renferme la vérité, dans les conditions qui assurent la réalisation de nos espérances. Cependant, Messieurs, disons-le franchement, il n'y a peut-être pas de déception plus fréquente que celle qu'on éprouve en constatant chez les hommes, après toutes les belles phrases au bénéfice de la raison et de la vérité, ce besoin d'ignorer qui semble faire le fond de la vie intellectuelle.

Vous vous récriez : « Qu'est-ce donc qu'il y a de plus vivant dans l'âme, que le désir de savoir? Eh! bien, Messieurs, faites avec moi loyalement, comme je vous le demandais hier, l'étude des obstacles qu'il faut vaincre pour arriver à la connaissance de la vérité et par lesquels nous sommes presque toujours arrêtés. Ils sont au nombre de trois, très faciles à reconnaître, et dont l'étude, pour être intéressante, n'en est pas plus consolante : le dédain de la vérité qui naît de la légèreté d'esprit; — la crainte de la vérité qui vient de la mollesse, — et la haine de la vérité qui vient de l'orgueil.

Je n'ai pas, Messieurs, dans la pensée que le reproche de dédain, de crainte ou de haine s'applique à vous. Je vous l'ai dit en toute sincérité : vous êtes une élite. Vous venez ici avec un désir réel d'entendre la vérité. Je ne dis pas qu'il ait toujours la mesure convenable : mais il existe. Par conséquent, si je mets quelque amertume à parler de ce triple obstacle à la vérité, veuillez considérer que, par vous, je désire atteindre ceux qui ne sont pas ici; mais aussi, en toute loyauté, voyez en vos âmes ce qu'il y a d'imparfait dans votre docilité et ne réservez pas la leçon tout entière aux absents. Appliquez-la quelque peu à vous-mêmes. Je vous laisse le soin de déterminer en quelle mesure ; mais je suis sûr que, dans bien des cas, votre conscience a plus d'un reproche à se faire.

Le premier obstacle à la recherche de la vérité, c'est le dédain. (J'aurais pu dire le mépris, car le mot est aussi juste ; mais j'adoucis l'expression, vous laissant le soin de la forcer, quand il conviendra.) Ce dédain de la vérité a pour principe la légèreté d'un esprit qui manque de pénétration ou d'élévation.

Tout d'abord, l'esprit humain peut manquer de pénétration à l'endroit de la vérité, n'en voir que la surface, et encore d'un œil tellement distrait qu'il en garde à peine la vague image. Ce mal est très fréquent en notre temps : pour le constater, écoutez parler la plupart des hommes de votre connaissance. Qu'est-ce, pour eux, que la vérité surnaturelle? Une sorte de luxe de la vie intellectuelle, dont il est parfaitement permis de se passer, d'autant plus qu'il n'est aucunement nécessaire à la dignité de cette vie. Qu'est-ce à dire? Pour beaucoup (et certainement quelques-uns de vous méritent le reproche) la vérité surnaturelle n'est pas de même dignité ou valeur que les autres vérités dont nous pouvons faire les objets de nos études. Il n'est pas admissible qu'un homme bien élevé ignore l'histoire, la philosophie, les mathématiques, etc. : ce sont connaissances indispensables. Plus indispensables encore les connaissances qui peuvent, à un moment donné, se traduire en profits matériels, en influence, en plaisir, même en pouvoir. Voilà des études vraiment dignes d'intérêt !

Mais quand on en vient à la science de la vérité surnaturelle, tout change. Qu'on ait, dans une société chrétienne, une notion quelconque de la doctrine catholique, sans doute! Il est mal porté, aujourd'hui, d'être absolument ignorant des vérités religieuses ; il y a déjà pas mal d'années que le P. Lacordaire le disait devant vous, « l'impiété est canaille ». Il faut donc avoir une certaine notion des vérités religieuses; mais en avoir une notion très complète ? Bagage parfaitement inutile, et même — Messieurs, soyons francs, — complètement ridicule ! On peut poser, dans certains salons, pour la science historique, géographique, philosophique ; avez-vous jamais cru que l'on pût y poser pour la philosophie chrétienne?

Vous pouvez tenir un cercle sous le charme de votre parole, à propos de n'importe quelle question de l'ordre naturel : on me pardonnerait peut-être à moi d'essayer, en raison de ma robe, dans un cercle de dames. Mais, si vous étiez du cercle, Messieurs, avec quel empressement vous gagneriez le fumoir ou le billard, en vous demandant s'il est permis d'être indiscret et maladroit à ce point !

Pour vous, c'est une sorte de superfétation de l'éducation, une sorte de luxe parfaitement inutile de la vie intellectuelle. D'où vient cette erreur ? De la légèreté d'esprit. Quelle origine peut être plus haute que celle de la vérité surnaturelle ? De quels problèmes plus élevés, plus profonds, plus ardus une science peut-elle s'occuper ? A quelle sublimité, à quelle profondeur l'esprit peut-il descendre ou monter plus facilement et plus sûrement qu'avec la vérité surnaturelle ?

Dès lors, qu'est-ce que cette futilité d'esprit qui trouve admirable la découverte d'une planète, d'un sérum, d'une loi naturelle, d'une phraséologie, d'une combinaison financière, et trouve à peine estimable l'effort de monter au-dessus des effets pour étudier leurs causes, au-dessus de leurs causes pour en faire la synthèse, et finalement contempler l'Être lui-même ? — Eh bien, cette légèreté d'esprit est vôtre, Messieurs, quand vous raillez le catéchisme des enfants, l'empressement des femmes autour des chaires chrétiennes, et même les formes les plus sérieuses de l'enseignement catholique dans le livre ou le discours. Votre présence ici ne vous lave pas suffisamment des reproches que la vérité a le droit de vous faire, parce que c'est un instant dans votre vie, et que la vérité a droit non seulement sur un instant, mais sur l'ensemble de la vie. Pour avoir recherché et entendu deux mots, en passant, de la vérité, avez-vous satisfait à la loi de la vie ?

C'est la première difficulté que rencontre la science de la vérité surnaturelle, qu'on veuille bien la regarder comme assez grande dame pour prendre le pas sur toutes les servantes : les sciences naturelles. Nous nous préoccupons d'études futiles jusqu'au ridicule, parfois humiliantes et inavouables : mais nous occuper de ces grandes choses avec le respect qu'elles comportent, nous semble beaucoup trop. Nous les dédaignons, et c'est le mot mépris qui conviendrait dans bien des cas, pour les chrétiens, tout autant que pour les mondains. Je vous prie d'y regarder de près : vous croyez facile le devoir de chercher et de savoir la vérité ? Appréciez ce premier obstacle, et voyez ce qu'il empêche dans la plupart des intelligences.

Il y a une autre face à la question. Que vaut la vérité, pour beaucoup, et en quoi mérite-t-elle leur attention ? — Ils l'estiment d'après ce qu'elle produira de profit. Une vérité stérile, comme ils disent, c'est-à-dire derrière laquelle il n'y aura pas une jouissance, un honneur, un plaisir, n'a pas d'importance à leurs yeux. L'esprit ne manque pas seulement, vous le voyez, de pénétration, il manque aussi parfois d'élévation.

Ce ne sont pas les phrases qui manquent, cependant, en nos jours, pour la glorification des aspirations, des élans vers la lumière et vers la vie ; mais, les faiseurs de phrases tous les premiers — ces beaux esprits, qui ouvrent en paroles leurs ailes au-dessus des plus hauts sommets, se traînent en réalité sur les fumiers de la basse-cour, parce que c'est là que se rencontrent le grain, le toit, le voisinage des gens qui vous nourrissent, jusqu'au jour où ils vous égorgent, après vous avoir exploités.

Voilà, Messieurs, l'élévation d'esprit ordinaire de notre temps. Qu'est-ce qu'une vérité qui ne produit pas un écu ? Qu'est-ce qu'une vérité qui ne pose pas dans l'estime des hommes ? Qu'est-ce qu'une vérité qui n'ouvre pas le chemin des emplois et des honneurs ? Qu'est-ce qu'une vérité qui fait vivre d'espérance pour la vie future seulement ? Quand vous envoyez vos fils au collège, vous avez déterminé la carrière qu'ils suivront, et vous leur indiquez la matière de leurs études : « Mon fils, travaille, voilà ton avenir. Il ne s'agit pas d'obéir aux entraînements de l'imagination, de rêver de belles-lettres ou d'art : tu feras surtout des mathématiques pour entrer à l'École Polytechnique et arriver un jour à quelqu'une des positions qu'ouvre cette École. Si tu veux faire de la littérature, prends le chemin de l'École normale. Tu trouveras, derrière ces goûts artistiques et littéraires, quelque chose de palpable, qui se soldera en louanges, en applaudissements et même en argent. » — Mais envoyer votre fils au catéchisme !... Sans doute, il le faut bien, pour sa première communion : « Allons, faisons cela bien vite ; et, tu sais, — après la première communion, — il s'agit de choses sérieuses ! »

Tel est trop souvent votre langage. Si par malheur, au collège, quelque professeur de science religieuse empiète, ne fût-ce que d'une demi heure, sur le domaine des autres sciences, ce collège-là est mal noté ; au besoin, on fait visite au proviseur, pour lui rappeler que le temps est précieux, qu'on n'en a pas à perdre, et qu'il s'agit d'arriver au baccalauréat, porte ouverte sur toutes les carrières. Quant au catéchisme, l'enfant a passé par l'église ; il en sait bien assez et c'est une affaire réglée. Quelle pitié n'est-ce pas ! Après qu'on a entendu en tant de beaux discours, et lu dans tant de livres l'apothéose du siècle, on est tenté de s'en aller baissant la tête et courbant les épaules, honteux pour son temps, honteux pour l'esprit et pour la langue de l'homme, honteux pour soi-même, parce que, après tout, ce siècle, dont on est, semble avoir un sac de gros sous pour cervelle et pour cœur, de par la volonté de ceux qui se prétendent les plus intelligents et les plus éclairés! Vous avez des ailes, jeune homme, et vous voudriez peut-être, à l'exemple de ceux qui furent la gloire des siècles chrétiens, vous voudriez, comme Thomas d'Aquin, vous enfermer dans une cellule entre un crucifix et un livre, pour arriver à la connaissance de Jésus-Christ! Quel ridicule! Allons donc! vous avez un beau nom, les salons sont ouverts à vos succès de galanterie, d'élégance, d'esprit, et vous voulez être Thomas d'Aquin! Mais il n'y a donc plus de fêtes où briller, de sourires à recueillir, d'héritières à épouser? Vous voulez être Thomas d'Aquin, jeune homme, et vous avez de la fortune, il y a mille affaires qui rapportent cent pour cent, même honnêtement, et on peut aider la providence, n'est-ce pas? Vous voulez être Thomas d'Aquin! Eh! laissez donc ce rêve! La vérité sans profit n'est pas la vérité; ou si c'en est une, plus tard vous y songerez.

Quand vous aurez vieilli assez pour n'être plus bon à rien, vous reprendrez le chemin de l'église, et, n'ayant plus les jouissances qui conviennent à l'âge puissant, vous aurez celles qui conviennent à l'âge caduc. Entre les petits enfants et les vieillards, laissez passer ceux-là qui ont besoin de développer la plénitude de leur vie dans la vraie fécondité! Laissez de côté le catéchisme et la théologie; faites des affaires, jeune homme, gagnez de l'argent, amusez-vous, rabaissez l'idéal de l'homme, du mari, du patriote, du chrétien, mais ayez fait quelque chose! Quand vous arriverez au bout de la course et qu'en face de la vérité éternelle, vous aurez à expliquer votre conduite, vous pourrez dire : « J'ai fait comme tout le monde! » Mais prenez garde que vous ne continuiez à faire comme tout le monde! La porte du ciel est étroite, et le sentier pour y aller n'est pas large, vous le savez, et la vérité n'est pas de ces femmes faciles dont la porte s'ouvre à tous ceux qui frappent et dont les sourires se multiplient au gré des solliciteurs!

Voilà donc une première difficulté. Il ne faut pas vous y tromper, Messieurs, on ne va pas si facilement à la vérité. La légèreté d'esprit qui engendre le dédain, par un manque d'élévation ou de pénétration, fait que très peu d'hommes sont, en réalité, désireux de s'instruire et réellement instruits de la vérité surnaturelle.

Une seconde difficulté vient de la crainte qui naît de la mollesse. Peut-être, Messieurs, allez-vous dire : « Mais cela ne nous regarde pas. Nous ne sommes pas de ceux qui ont crainte. » — Réfléchissez.

Le reproche ne tombe pas, si vous le voulez, tout entier sur vous; mais, je vous en prie, retenez-le pour le profit de ceux qui en peuvent avoir besoin plus que vous, et aussi, au moins en partie, pour vous-mêmes qui en avez certainement besoin.

La mollesse engendre, vis-à-vis de la vérité, deux sortes de craintes : l'une qui tient à la difficulté de s'assimiler la vérité dans une connaissance exacte et complète ; l'autre qui tient aux applications nécessaires de cette vérité pour le refrènement des passions. Notre siècle est brave, c'est entendu, surtout pour les Français; mais à la condition qu'il ne s'agisse pas de réagir contre soi-même. La vérité qui vous tend les bras, comme nous l'avons vu, ne se livre qu'en raison d'efforts suivis et persévérants : difficulté, par conséquent, de l'aborder et de l'étreindre. « O beauté suprême, s'il ne fallait que te rencontrer sur le chemin où je me traîne, plutôt que je n'y marche, à demi couché dans la poussière ou la fange où je me complais, comme il me serait aisé de te presser sur mon cœur et de confondre mes désirs avec tes joies ! » — Mais la vérité ne se plaît ni à la poussière ni à la fange des bas-fonds; elle se tient sur les hauteurs, et semblable aux fées des légendes, elle recule devant le regard qui la poursuit. Il faut franchir des abîmes, braver des torrents et des gouffres pour la rencontrer dans l'austère silence où elle daigne, suivant la parole de l'Écriture, révéler ses charmes secrets. Notre siècle ne connaît guère cette bravoure ! Messieurs, soyons francs. Quel est le caractère de notre siècle si intellectuel, qui aime tant la raison et la science? Son caractère est de s'amuser, surtout dans la vie intellectuelle. On vous apporte un livre. — « Est-ce amusant ? — Oh! pas beaucoup, c'est sérieux. — Nous verrons cela plus tard ! » Il se produit une œuvre d'art remarquable : « Est-ce amusant? Allons voir bien vite ! — Non, c'est grave, digne de l'attention d'un esprit sérieux. — Nous verrons cela plus tard ! » — Mais c'est amusant; tout le monde y court, surtout le Parisien, je veux dire le Français le plus raffiné de notre histoire, l'homme du xixe siècle, qui habite le cerveau du monde, suivant l'expression consacrée !

Ce soir, on donne, au Théâtre-Français, *Athalie*, *Polyeucte*, *les Horaces*; on va un peu plus loin, là où l'on donne une ineptie ultra-légère, qui manque absolument de pensée et plus encore de tenue; c'est si amusant ! Je lisais aujourd'hui dans un journal : « Il est étonnant que des pères de famille consentent à mener des filles de treize ans à la plupart des pièces où ils les conduisent. » Il n'est pas démontré que la fille de treize ans s'y amuse beaucoup, mais le père s'y amuse tant! Hélas! il n'est pas démontré non plus qu'un jour la fille de treize ans amuse beaucoup son père ; il y aura peut-être de fâcheux retours! Mais, en attendant, ce père racontera, demain, les choses amusantes qu'il a vues, conseillera aux amis de les aller voir, au besoin il leur offrira son fauteuil ou sa loge. Les livres sont de même destinée. Les cours savants ont quelquefois trois auditeurs, et le professeur est content. Mais que, d'aventure, ces mêmes cours s'égaient de quelque excursion dans le domaine du sentiment, que les psychologues modernes sondent avec tant d'audace, les dames s'y pressent et, si les hommes n'y font pas foule, c'est que le respect humain les empêche de paraître prendre trop d'intérêt aux choses qui amusent tant ces dames! Il y a, en nous, une mollesse invétérée qui ne nous permet pas d'éprouver, en présence des idées sérieuses, autre chose que de la crainte. Il faut, pour l'aborder, un effort dont nous sommes rarement capables, et, comme vous le voyez, il n'est pas si aisé qu'il paraît d'accomplir le devoir de rechercher et de connaître la vérité.

Il y a une autre crainte plus déplorable encore. La vérité surnaturelle se propose nécessairement la réforme de ces habitudes, que nous choyons avec tant de soin, sans oser les avouer, habitudes plus ou moins équivoques, peut-être plus ou moins déshonorantes. Je ne voudrais pas dire trop de mal de mon temps : je vous ai dit plusieurs fois que je l'aime, mais je lui dois plus de franchise encore que d'indulgence. C'est vraiment un siècle de pharisaïsme. Pourvu que la façade n'ait pas de lézarde et que le tombeau soit blanchi, il importe assez peu de savoir ce qu'il y a derrière. La réelle honnêteté, même au point de vue simplement humain, combien d'entre nous oseraient dire ce qu'ils en pensent en pratique! Oh! Messieurs, je ne suis pas pessimiste, et n'ai pas la prétention de ne voir que malhonnêtes gens dans notre société moderne ; mais les hommes qui font pleinement leur devoir, les hommes de conscience droite dans toute la force du terme, en connaissez-vous beaucoup? Sans nous appliquer la dure parole du Sauveur, écoutons de Maistre parler de soi-même : « Je ne sais pas ce qu'est la conscience d'un scélérat, parce que j'espère n'en être pas un ; mais je sais ce qu'est la conscience d'un honnête homme, et cela fait peur! » Oui, Messieurs, cela fait peur. Tout ce qu'il y a de compromissions, de capitulations et d'apostasies dans l'âme d'un honnête homme, au profit de cet instinct pervers que nous gardons, comme la trace de notre imperfection native et de la chute originelle, cela fait peur! La vérité est la lumière implacable qui descend dans les bas-fonds où jamais nulle clarté n'a brillé, et en révèle les immondices et les fétidités. Nous n'aimons pas cette vérité ; nous en avons plutôt peur. C'est, il est vrai, une mère merveilleuse de beauté, mais de cette beauté grave qui sied aux mères ; toujours jeune, elle a cependant l'expérience de la vie, de ses épreuves, de ses combats, de ses victoires. Elle porte, il est vrai, son enfant dans les bras, pressé sur son cœur avec toute la tendresse possible, mais avec une ferme résistance aux élans de l'enfant qui lui veut échapper : étreinte douce et forte qui est à la fois une défense, un encouragement et un châtiment. Nous avons peur de cette mère si belle, mais d'une beauté si grave, — d'une tendresse si dévouée, mais en même temps si vigilante et si énergique ; nous avons peur de son regard qui sonde nos cœurs et nos reins, nous avons peur de sa voix qui invite au devoir et qui réprimande les manquements au devoir ; nous en avons peur parce qu'elle est impitoyable pour toutes ces lâchetés, ces compromissions, ces abaissements auxquels nous n'entendons pas renoncer.

L'homme sans passions ne serait pas un homme, en ce sens qu'il n'aurait pas en lui la marque de l'imperfection naturelle aux créatures, et aussi en ce sens qu'il n'aurait pas les élans, les enthousiasmes, les entraînements qui portent l'homme vers les hauteurs, à travers les luttes, les réactions, les détachements. La vérité prend les grandes passions par la main, les règle et les complète, mais en les épurant impitoyablement de tout ce qui compromet l'honneur de l'âme qu'elle entend glorifier. Il ne nous plaît pas toujours qu'elle le fasse. « *Noluit intelligere ut bene ageret* », a dit le prophète en parlant de l'homme. Il n'a pas souci de voir trop clair parce qu'il lui faudrait agir. Notre temps connaît bien cette crainte, n'est-ce pas, Messieurs ? L'énergie s'y fait rare et les caractères n'y sont pas fréquents. Il y a, Messieurs, une ressource contre la lumière : c'est de fermer les yeux, et combien de fois nous arrive-t-il de les fermer, parce que la lumière menace de pénétrer jusqu'au cœur !

Le troisième obstacle à la vérité, c'est la haine. Ici vous protestez plus vivement : « Ce n'est pas possible ! » Je vous prie d'être loyaux jusqu'au bout. Je reconnais avec joie que le reproche ne vous vise plus ; mais je vous prie de le porter où il convient qu'il agisse. Eh ! mon Dieu, peut-être — (car nos auditoires se forment d'hostilités autant que de sympathies et d'indifférences) — peut-être ma parole va-t-elle atteindre ici même quelqu'un qui a besoin d'entendre. Je le supplie d'écouter et — s'il a compris — je le supplie de rendre hommage à la vérité.

Si le mot de « haine » vous étonne ici, veuillez vous rappeler que les êtres imparfaits ne suscitent dans l'homme que des émotions incomplètes, qui le laissent à peu près indifférent. Mais une perfection quelconque suscitera toujours une passion, et la mesure de la perfection sera celle de la passion — entraînement ou répulsion, amour ou haine. Les théories humaines suscitent rarement de ces passions, parce que nous les savons toujours douteuses, et, lors même qu'elles ont le plus de rayonnement, nous savons qu'il court risque de s'éteindre, dans une ombre d'autant plus épaisse que l'éclat aura été plus vif. Quand il s'agit de la vérité surnaturelle ou divine, il n'est pas possible de rester indifférent. Aussi, quand on parle d'indifférence religieuse, on parle un langage incorrect.

Avez-vous trouvé beaucoup d'hommes indifférents en matière religieuse? Au premier abord, le nombre des indifférents semble considérable en notre temps. Étudiez-les. Si vous ne touchez pas devant eux aux questions religieuses, ils n'auront pas l'air de s'apercevoir qu'il en existe; mais, si vous les soulevez, la passion s'en mêlera dès les premiers moments. Aussi, très justement, les associations de toute sorte qui se fondent parmi nous, inscrivent-elles dans leur règlement la clause : « On ne traitera ni de religion ni de politique. » On a peur de susciter des querelles et des brouilles irréconciliables. Pour la politique, inutile d'insister, n'est-ce pas : cela se comprend de reste. On ne provoque pas une réunion pour la dissoudre dès la première rencontre. Quant à la religion, c'est pire encore. Écartons donc de toutes les réunions, où l'on tient à la paix qui distingue les plates jouissances de notre siècle, toute discussion politique et religieuse. Mais alors que devient votre fameuse indifférence? Le même indifférent, qui « laisse tout le monde libre d'obéir à sa conscience », tyrannise, à son foyer domestique, sa femme, ses enfants, ses serviteurs, qui croient aux obligations de la semaine sainte et aux lois de l'Église. Rien de ridicule comme cette fameuse théorie d'indifférence.

Un autre exemple, si vous le voulez. — Comment se fait-il que les journaux libres-penseurs soient pleins de récriminations contre les prédicateurs qui osent rappeler que l'Église est indépendante, que les commandements de Dieu priment les commandements de l'homme, que l'âme est supérieure au corps et qu'il fera, un jour, bien meilleur être dans le ciel avec le bon Dieu que d'être dans la terre avec les vers et dans l'enfer avec le diable? Où est donc votre indifférence? — Nulle part!

Vous lisez un journal impie pour faire acte d'indépendance, et craignez de lire ostensiblement un journal chrétien, parce que vous feriez preuve d'asservissement de la pensée, comme vous dites! Vous faites de l'esprit contre la foi, et vous êtes fiers de l'avoir fait parce qu'on vous applaudit, comme très spirituel. Mais vous seriez très vexés que les dévots se permissent de rire à vos dépens: c'est un droit que vous leur déniez. Non, Messieurs, vous n'êtes pas indifférents du tout, parce qu'il n'est pas possible d'être indifférent en pareille matière. C'est l'amour ou c'est la haine. Oh! l'amour parfois bien timide, qui se cache, qui en vient jusqu'à s'ignorer; la haine aussi qui s'ignore et se montre d'autant plus naïvement qu'elle s'ignore, — mais il y a aussi la haine qui se connaît et tient à se montrer savante, ingénieuse, raffinée, tenace et mortelle. Cette haine, si vous ne la ressentez pas, Messieurs, avouez que vous la laissez librement agir.

Quel spectacle que celui du fils qui laisse insulter sa mère! de l'ami qui laisse insulter ce qu'il aime! du père laissant asservir son fils! Eh bien, ce spectacle, Messieurs, est celui que vous donnez tous les jours. Votre mère, l'Église, est insultée: a-t-on jamais vu chez vous autre chose que ces indignations faciles, dont on a pu sourire du haut de la tribune? On insulte, tous les jours, ce que vous aimez le plus, dites-vous: êtes-vous prêts à mourir pour le défendre? Oh! non, non, on ne meurt plus pour ces causes-là. Vous avez des enfants que l'on empoisonne, tous les jours, en dosant le poison avec une habileté qui fait froid dans les os; comment avez-vous protesté? La haine est surtout aidée par votre indifférence, ou plutôt votre abdication; car vous n'êtes pas indifférents, au fond, mais vous n'avez pas le courage de barrer passage à la haine!

Cette haine d'autant plus tenace et d'autant plus agissante qu'elle est plus aveugle, son caractère est précisément de se refuser à l'étude, ou, si elle étudie, à l'étude loyale et généreuse, — ce qui la rend d'autant plus à craindre. Elle ne veut pas du règne de la vérité, et n'entend lui laisser dans le monde aucune place. Oh! si la vérité consent à être une esclave, ou du moins une servante, qui se contente d'un morceau de pain plus ou moins avili, peut-être lui laisseront-ils le droit d'exister, pour attester leur triomphe. Le César des triomphes antiques permettait à l'esclave qui suivait son char de l'insulter, pour rehausser sa gloire. Mais surtout qu'elle ne règne pas! qu'elle ne gouverne pas les âmes! qu'elle ne soit pas l'âme des sociétés! Qu'elle reste à l'ergastule, sinon à la prison ; si vous y tenez, à l'atelier, car ces prôneurs du travail sont profondément dédaigneux des ateliers, — mais pas de règne !

Ils veulent davantage : ils ne veulent pas que la vérité règne même sur la mort, ni au delà! Ils entendent, moitié par orgueil et moitié par peur (car il n'y a rien de peureux comme l'orgueil), que la mort atteste encore leur triomphe. Dans cette période douteuse qui sépare la cessation apparente de la vie de sa cessation réelle, l'âme peut se rejeter, d'un dernier et rapide élan, vers la vérité éternelle. Ils ne sont donc jamais sûrs de la posséder; il faut au moins qu'ils aient le cadavre, l'enveloppe de l'âme, sur lequel ils triompheront, n'étant pas sûrs d'avoir triomphé de l'âme. Si tant est que, dans le secret de son éternité, le Christ soit vainqueur, il faut qu'ils aient, sur le Christ, cette revanche de la rue, où ils promènent le cercueil profané entre deux files d'insulteurs qui crient d'autant plus fort qu'ils ignorent davantage, sous la conduite d'habiles ou de trembleurs qui n'osent ou ne veulent pas se compromettre. Et ce triomphe d'ici-bas leur est comme une espérance qu'ils l'auront au delà ! C'est le grand point! Ils ont une peur atroce qu'il y ait quelque chose au delà de la mort, et ils sont comme ces poltrons qui chantent dans la nuit, pour se persuader qu'ils n'ont pas peur : à force de tapage, ces bravaches de la vie intellectuelle se persuaderont peut-être qu'ils se sont fait une conviction et la paix. Grâce à Dieu, Messieurs, la raison humaine tombe rarement aussi bas. Il faut avoir singulièrement abusé de la grâce et du bon sens pour arriver à ne plus mettre la raison en rapport avec la vérité. Je me rappelle ce vieillard, vrai fils de Voltaire, profanateur de tout ce qu'il avait pu toucher, qui achevait devant moi une diatribe contre le jugement et l'enfer, par ces paroles à voix basse : « Priez pour moi! » Voilà le fond de l'âme humaine, Messieurs. Tous n'ont pas toujours le courage de dire : « Priez pour moi ». Il est vrai qu'entre eux ils ne pourraient pas se le dire : ils n'ont pas confiance dans la prière les uns des autres; mais ils ont une peur atroce que la tombe soit un passage et, sans s'en apercevoir, pour masquer ce trou où tout s'abîme, suivant eux, ils couvrent le cercueil et ornent leur boutonnière de fleurs d'immortelle!

Cette haine, Messieurs, c'est vous qui la favorisez et qui en assurez le succès, en ébranlant ou empêchant le règne de la vérité. Vous ne l'éprouvez pas, cette haine? Je le crois, Messieurs... mais non pas tous; il y a certainement ici quelqu'un qui l'éprouve, et le portrait que je viens de tracer a certainement ici son original.

Vous n'avez pas de haine : cela suffit-il ? De grâce, Messieurs, reprenez votre âme ! Il faut que vous viviez de la vérité, il n'y a pas d'autre vie pour l'âme ; et que vous en viviez dans une science véritable. Reprenez votre âme et interrogez-la devant Dieu : demandez-lui ce qui l'empêchait, jusqu'à présent, de vivre réellement dans l'amour et la recherche de la vérité. Est-ce légèreté d'esprit ? Allons, Messieurs, un effort, et raffermissez votre esprit. Est-ce la mollesse du cœur ? Allons, Messieurs, soyons hommes, une fois en passant, au moins, et donnons à notre volonté assez d'énergie pour lutter contre la passion. Reprenons notre âme et secouons cette crainte, fille de la haine, qui est le plus antipathique à notre tempérament, à nous qui sommes naturellement aimants et braves. Reprenons notre âme et, s'il faut l'amener comme malgré elle aux pieds de la vérité, faisons-le, en appelant au secours la Vérité elle-même.

Seigneur, personne ne vient à vous, disiez-vous, si vous ne l'attirez ! Eh bien, Seigneur, attirez-moi ! Je sais bien que, depuis longtemps, vous m'appelez et que je résiste ; mais vous êtes tout-puissant ! Forcez la porte de cette âme où je ne veux pas que descende la lumière ; forcez la porte de ce cœur que je verrouille pour y cacher les folles passions qui me dominent. Seigneur, relevez ma tête courbée sous la peur, et reprenez possession de mon âme. Faites que je voie ! comme disait l'aveugle, que je voie dans la plénitude de votre lumière. Que je vous voie surtout vous-même, toujours davantage, l'œil affermi par vous-même et toujours désireux de plus de lumière, afin que, dès ici-bas, je sois déjà participant de la suprême joie de l'éternité, qui est de vous voir, de vous voir pour vous aimer, de vous aimer pour vous posséder, dans l'incessant renouvellement de la gloire et de la joie.

Le Gérant : P. SERTILLANGES.

PARIS. — F. LEVÉ, IMPRIMEUR DE L'ARCHEVÊCHÉ, RUE CASSETTE, 17.

RETRAITE PASCALE

CARÊME 1897

DE L'ÉGLISE

JEUDI SAINT

OBSTACLES A L'ÉTUDE

Éminence,
Messieurs,

De la croyance en la révélation, nous avons déduit l'obligation stricte de l'étude de la doctrine catholique, étude qui doit être grave, loyale, généreuse, afin d'avoir raison des obstacles que la vérité rencontre, et que nous définissions hier de ces trois mots : le dédain, la crainte et la haine. Il nous reste, pour achever notre sujet, à dire par quels moyens cette étude arrive à produire les résultats d'illumination et d'entraînement qui doivent couronner nos efforts. Ces moyens, vous les connaissez : la lecture, la prédication, la prière.

Le premier, c'est la lecture. Pour qui connaît l'homme, c'est un rêve que de prétendre à tirer de son fonds l'aliment de sa vie intellectuelle. Si quelques hommes de génie ont, dans le passé, trouvé les premiers jalons à poser sur la route de l'esprit, combien d'autres — et nous en sommes — sont absolument incapables de rien découvrir ou de rien inventer, et dont le sort, glorieux encore, est d'exploiter ce qui a été trouvé par leurs devanciers ! Dans les temps plus voisins de nous, cette répétition des inventions géniales se fait encore de temps en temps ; mais si nous en étions réduits à attendre ces coups de soleil de la vérité sur les cerveaux capables de les porter sans éclater, nous serions bien à plaindre. Nous sommes de ceux qui exploitent les inventions et qui vivent de l'acquit des autres. Nous mettons notre honneur à développer la lumière apportée par ceux qui nous précèdent et à la

(Sténographié par Gustave Duployé, 36, rue de Rivoli.)

léguer, à nos successeurs, dans une clarté nouvelle. Mais si cela est vrai des connaissances d'ordre naturel, ce l'est bien plus encore dans l'ordre surnaturel, où nous ne pouvons rien trouver par nous-mêmes. La vérité surnaturelle est donnée aux hommes dans une doctrine qui a reçu, de son révélateur même, la forme qu'elle doit avoir à tout jamais. Nous sommes donc réduits à exploiter ce bien venu du cœur de Dieu à notre intelligence. Nous sommes, par suite, obligés de lire, puisque la révélation est fixée par l'écriture, et que les commentaires de la sainte Église chargée de conserver et de développer le primitif enseignement, sont de même condition. C'est dans les livres que nous en trouvons la science, et, si nous ne savons pas lire, nous n'aurons jamais de la vérité surnaturelle qu'une notion impuissante à pénétrer réellement jusqu'au fond de nos âmes, une connaissance superficielle et, par conséquent, inféconde.

Il faut donc lire ; mais comment faut-il lire ? Vous avez, Messieurs, presque tous, en matière d'enseignement religieux, un tort que je dois vous signaler. La meilleure connaissance, pour vous, en thèse générale, naît de la discussion et, puisque nous parlons de lecture, de la polémique écrite. C'est là une erreur radicale. Avez-vous jamais imaginé, dans l'ordre naturel, un enseignement qui procédât comme celui d'où vous voulez tirer votre connaissance de la vérité surnaturelle ? En philosophie, en histoire, en mathématiques, l'objection est de seconde main. La discussion n'est possible qu'après un certain affermissement des principes dans l'esprit de celui qui veut discuter : en conséquence l'enseignement procède par voie positive ou par affirmation.

Vous faites d'abord à celui qui étudie une vision plus ou moins étendue, mais nette, claire, précise, solide, de ce qu'il doit croire ; et c'est après ce fondement posé que vous faites intervenir la discussion, s'il est nécessaire. L'objection ne vous paraît rationnelle qu'autant qu'un principe est nettement affirmé et déjà reconnu. Comment se fait-il donc que la plupart d'entre vous — échappant au reproche que je faisais hier à quelques-uns de dédaigner l'enseignement catholique — s'en occupent, c'est vrai, se passionnent même à ce propos et procèdent si maladroitement à la formation de leurs connaissances : c'est-à-dire par la lecture de tout ce qui attaque cet enseignement ? Ils trouvent cela très intelligent : permettez-moi, Messieurs, de ne pas être de leur avis. Laissez-moi vous citer la parole d'un diplomate, ramené à la foi par la grâce, que Dieu avait bien voulu donner à mon ministère. Sentant qu'il lui manquait de la lumière, il me demandait quel livre il pourrait lire. J'avais sous la main, à ce moment, Donoso Cortès, un homme de quelque valeur, que beaucoup de vous sans doute ignorent, même de nom, mais que je recommande à ceux qui savent lire. Je

le lui proposai. « Non, me répondit-il, je ne lirai pas cet ouvrage.
— Pourquoi ? Il est excellent. — Eh ! mon Père, rappelez-vous que
j'ai peut-être assez de connaissance pour que ma foi soit tranquille, mais pas assez pour qu'elle porte sans se troubler le poids
d'une objection. J'en sais assez pour croire, et non pour mettre en
question ce que je crois. » Vous, Messieurs, vous faites le contraire.
Insuffisamment établis dans la vérité, vous vous croyez capables
de supporter les attaques à votre foi. Qu'arrive-t-il ? 99 fois sur 100,
l'objection reste dans votre esprit avec une ténacité qui ne vous
permet pas de l'en rejeter : elle y fait assez de poussière ou d'ombre,
comme vous voudrez, pour que vous ne voyiez plus clair. Voilà
le résultat. Vous gardez la foi, par suite de je ne sais quelle routine.
Votre première éducation, ou celle qui a suivi votre retour et
qui a été semblable que la première, vous habitue à croire ; mais,
dans cette routine d'une foi à demi ignorante, vous ne vous retrouvez plus, après une attaque insidieuse : vous n'avez plus la paix,
la joie, la force de la véritable foi.

Chez vous, cette pensée très généreuse de s'éclairer est aussi
la pensée très imprudente de s'éclairer maladroitement. Puisque
vous aimez à lire, lisez donc d'abord ce qui fait la vraie
lumière, établit la connaissance sur des raisonnements sérieux,
et qui donne à la foi ce piédestal de granit ou de bronze qui porte
noblement l'image de la vérité. Alors, vous aborderez les objections et les discussions : mais avant tout faites-vous de véritables
convictions. Je vous l'ai dit et je tiens à le répéter : la foi est affaire
d'intelligence, et, par conséquent, de conviction. D'après la définition de saint Thomas d'Aquin, la foi suppose élection. (Je parle
de la foi véritablement virile, intelligente et solide.) Or il n'y a pas
élection où il n'y a pas connaissance et raisonnement. La foi est
une conviction inébranlable ; il n'y a pas conviction où il n'y a pas
eu d'abord étude apte à produire des connaissances positives.
Vous le voyez donc, votre système est peut-être généreux, mais
déplorable, et vous conduit, sans que vous vous en aperceviez, à
l'ébranlement sinon à la ruine de la foi. C'est pourquoi, je vous
recommande également d'éviter toute lecture, je ne dis pas mauvaise, mais simplement médiocre. Il n'y a rien de déplorable dans
l'enseignement catholique à l'égal de cette médiocrité où se noient
tant de bonnes âmes, qui vraiment n'ont pas conscience de ce
qu'elles font.

Dans nos temps surtout, la justesse de la pensée et de l'expression
est rare. On fait vite, on touche à tout, on veut arriver tout de suite
et n'importe comment à occuper l'attention publique : et c'est
aussi vrai de l'enseignement religieux que de tout autre. Il y a,
ici comme ailleurs, ce qu'on appelle les vulgarisations, qui
sont la ruine de toute étude véritable et de toute science réelle. Je

vous en prie, soyez impitoyables pour ces médiocrités. Faites à la vérité l'honneur de demander à l'objectif (si vous me permettez la comparaison) devant lequel elle pose, non pas un dessin vague ou une sorte de caricature de sa beauté, mais une image exacte; si vous voulez avoir de cette dame de vos pensées un souvenir digne d'elle et de vous, eh bien, demandez à Michel-Ange son ciseau ou ses pinceaux à Raphaël! Faites-vous, Messieurs, un choix de livres, non pas des médiocres, mais des meilleurs; et le Père Lacordaire disait : non pas des meilleurs, mais des excellents. Ne fût-ce que par respect pour votre intelligence, ne l'abreuvez pas d'eau trouble, mais du lait qui fortifie les enfants et du vin qui rajeunit les vieillards. A bien plus forte raison, interdisez-vous ce qui est immoral et impie : ce qui est impie, par respect de la vérité, ce qui est immoral, par respect de vous-mêmes. Je vous ai signalé ailleurs ce travers trop fréquent : sous prétexte de savoir ce qui se dit et ce qui se passe, les plus honnêtes gens du monde mettent leurs mains dans l'ordure, je veux dire leur esprit et leur cœur dans l'impiété ou dans l'impureté. Ne soyez jamais de ces curieux indignes du nom d'êtres intelligents. Respectez en vous la ressemblance avec le Dieu qui est, par essence, la sagesse et la pureté. Il a dit de ses paroles qu'elles sont pures : *Eloquia Domini casta*. Il convient d'en parler avec des lèvres purifiées au charbon que l'ange fit passer sur les lèvres du Prophète. Dès lors, Messieurs, n'allez pas perdre votre temps et profaner votre dignité, en donnant attention aux œuvres de ces empoisonneurs publics, de ces assassins des âmes, qui s'appellent les auteurs d'écrits impies ou immoraux. Laissez-les aller à l'Académie, si l'on consent à les y recevoir, — toucher de gros émoluments, si l'on veut les leur donner, — se proclamer mutuellement maîtres dans les journaux, les discours et les livres, — se dresser même des statues; mais gardez, je vous en prie, le respect de vous-mêmes et de la vérité.

Il ne faut donc pas lire à tort et à travers; ne pas lire ce qui, bon en soi, ne convient pas à la situation de l'âme; ne pas lire ce qui est médiocre et ne convient à aucune situation; ne pas lire ce qui est mauvais, parce que c'est une profanation que l'audition ou la contemplation de pareilles œuvres.

Restent, comme nous le disions, les bons livres, surtout les excellents; et ici peut-être, quelqu'un de vous sourit. C'est encore un préjugé fréquent, Messieurs, que les œuvres de caractère surnaturel ne peuvent être aussi puissantes sur l'esprit ou le cœur que celles de l'ordre naturel. Quel est à votre avis le livre de doctrine catholique, de piété surtout, qui vaille en intérêt le moindre des romans en renom? Si j'arrivais chez vous, apportant une des œuvres les plus dignes d'admiration d'après les données de la foi, et un roman pris n'importe chez quel éditeur, j'en suis certain, votre premier mouvement serait d'ouvrir le roman. Pourquoi? Eh! mon Dieu, par suite de l'attrait des choses agréables, et plus encore des choses supérieures. Or, n'est-ce pas, nous autres catholiques, prêtres surtout, — comme écrivains, penseurs, orateurs, — nous sommes inférieurs? C'est une affaire entendue. Nous avons beau nous appeler, dans les premiers siècles, saint Paul, saint Jean Chrysostome, saint Basile, saint Grégoire de Nazianze; — au moyen âge, saint Anselme, saint Bernard, saint Thomas d'Aquin; — plus tard, Newton, Pascal, Leibnitz, Bossuet, Fénelon, Massillon; — en notre temps, Ballanche, Ampère, de Maistre, de Bonald, Lacordaire, Ravignan, Monsabré, qu'importe? Nous sommes inférieurs, et, au nom de la dignité de l'esprit humain, du goût littéraire, de la puissance philosophique ou scientifique, nous sommes écartés de vos préoccupations. Veuillez réfléchir, Messieurs. A l'heure qu'il est, voulez-vous me montrer une page d'un écrivain en vogue qui puisse supporter la comparaison avec une page de Bossuet? Vous allez quelquefois, au théâtre, entendre des gens, fort étrangers aux idées catholiques et à l'éloquence de la chaire, lire du Bourdaloue et du Massillon; vous êtes-vous jamais donné ou vous donnerez-vous, un jour, l'exquis régal de la première *Passion* de Bossuet? Vous trouvez que les idées surnaturelles ne peuvent s'exprimer en langage suffisamment saisissant; essayez donc de porter le poids de cette majesté, de cette simplicité, de cette splendeur! Essayez donc de vous soustraire, si vous êtes intelligents et doués de sensibilité, à la poignante émotion qui prend aux entrailles, quand on comprend ce chef-d'œuvre d'éloquence et de piété!

Quels aristarques vous êtes, Messieurs! Il n'y a pas, dans tous les livres inspirés par la foi, de quoi vous satisfaire! Mon Dieu, je ne voudrais pas railler; mais est-il possible de ne pas sourire en présence de ces arrêts puérils? Choisissez, c'est votre droit : si vous avez du goût pour les livres que je vous recommande, vous vous donnerez, je le répète, une joie que vous ne rencontrerez nulle part ailleurs, joie féconde, joie qui élève, joie qui divinise; tandis que les autres ne donnent qu'un instant de griserie vite dissipée. Les plus beaux sentiments des hommes sont toujours des sentiments humains, et les plus belles paroles des hommes sont toujours au-dessous du Verbe divin.

Voilà donc un premier moyen de s'instruire : lire ce qu'il convient de lire, avec attention, avec suite et méthode, avec la persévérance qui produit la véritable illumination. Ainsi vous aurez, pour votre foi, un point d'appui qui ne redoutera plus les assauts de l'erreur.

Je passe vite, Messieurs, pour ne pas abuser de votre patience.

La lecture trouve une aide et un complément naturels dans la prédication.

La foi, dit l'Apôtre, procède de l'audition, et l'audition est évidemment le fait de recueillir une parole : d'où il suit que la foi a d'abord procédé de la prédication. Les Évangiles furent écrits longtemps après qu'on eut commencé de prêcher, et le Maître lui-même n'a rien écrit, mais prêché constamment. C'est donc, en réalité, le premier moyen d'entrer et de progresser dans la connaissance. J'aurais dû peut-être commencer par là ; mais comme le livre vous est bien plus familier que la chaire, j'ai fait ainsi que vous avez coutume et je vous ai parlé du livre qui est souvent encore dans vos mains, avant de vous parler de la chaire, qui n'a pas toujours l'honneur d'un pareil entourage. Il faut bien le dire, si vous êtes sévères à l'endroit des livres qui contiennent la doctrine catholique, vous êtes bien autrement difficiles à l'endroit de la parole chargée de ce même enseignement.

La chaire est, de toutes les formes de la parole publique, celle à laquelle d'ordinaire, en notre temps, on accorde le moins d'importance. Rien n'est plus contraire à la raison, puisque l'objet de la prédication est le plus relevé, le plus important, le plus satisfaisant pour les désirs de l'intelligence qui veut aborder les larges et profonds horizons de la vérité. Mais ne parlons que de la forme. A ce point de vue, la chaire est particulièrement dépréciée dans l'esprit des contemporains, et il n'y a pas d'homme incapable de joindre deux mots de façon correcte qui ne la déclare aujourd'hui au-dessous de toute estime. On y met des réserves, si l'on parle à un prêtre ou à un chrétien que l'on craigne de froisser. Vous les connaissez : « Oh ! sans doute, il y a encore des hommes qu'on écoute avec plaisir ; mais combien peu il y en a ! Si vous entendiez, par exemple, mon curé, quand je suis à la campagne, ou les vicaires de la paroisse à laquelle j'ai le malheur d'appartenir ! » C'est le même aristarque qui, tout à l'heure, déclarait qu'il n'y avait pas un auteur catholique arrivant à la cheville des romanciers ou des vulgarisateurs du temps présent. L'éloquence de la chaire a eu jadis de très beaux moments : il est difficile de le nier, n'est-ce pas ? On ne rencontre pas facilement sur sa route des hommes comme ceux que je citais à l'instant : saint Jean Chrysostome ou saint Ambroise, saint Bernard ou saint Thomas d'Aquin, Bossuet ou le Père Lacordaire, et l'on doit s'incliner, bon gré mal gré, à leur passage. Il faut aussi dire d'eux : « Jamais homme n'a parlé comme cet homme ! » Oui ! « mais, reprend l'aristarque, ce sont les sommets ! »

Les sommets sont toujours très rares, et l'on a beau jeu pour déclarer que le reste glisse non seulement vers les profondeurs vulgaires des vallées, mais encore jusqu'aux abîmes obscurs où l'esprit se perd déconcerté. Un accord unanime s'est fait sur ce point parmi les critiques en renom : « La chaire moderne, eh ! c'est une affaire finie, dont il vaut mieux ne rien dire » : et, Messieurs, comme votre opinion se forme, en règle générale, d'après votre journal, — en raison de votre dignité d'homme pensant, d'homme lettré, d'homme d'esprit et de goût, il ne vous convient plus d'aller au sermon. Vous allez encore à la messe, au moins beaucoup de vous, mais de préférence à la messe où l'on ne prêche pas, pour cette raison que le sermon est si ennuyeux ! Pourquoi ? Mon Dieu, parce qu'il n'atteste pas cet esprit alerte, cette pensée profonde, cette science de la langue qui se rencontrent partout dans le monde, sans doute ! Est-ce sérieux, messieurs ? D'après ce que vous lisez ou écoutez, en payant fort cher le droit de le lire ou de l'entendre, eh bien, Messieurs, je me sens au-dessus de vous à la hauteur de la tour Eiffel ! Non, je ne voudrais pas signer ce que vous admirez, et ne voudrais pour rien au monde parler ce français-là ! En évoquant sous ces voûtes les noms qui les ont fait vibrer, je suis de votre avis : la chaire a baissé. Je n'ai besoin que de m'entendre pour le constater ; mais quand je me compare à ce que vous admirez, c'est autre chose, je m'estime. C'est vous, qui faites la fortune de ces pauvres d'esprit et de parole, vous, les piédestaux de ces statues de plâtre, c'est vous qui osez dire que la chaire n'est plus digne de votre attention ! Messieurs, comme votre curé de campagne doit rire de vous, s'il a entendu, à travers la porte, votre jugement sur son compte, quand vous lui serrez la main, à son entrée dans votre salon ! Vous êtes donc si forts en catéchisme qu'il n'ait rien à vous apprendre ? Vous avez donc tellement approfondi la vérité surnaturelle qu'il doive se faire votre disciple ? Oh ! non, Messieurs, ce n'est pas sérieux ! Cessez d'acclamer le patois qu'on vous sert en guise de français, et d'avoir le goût de cette eau claire ou trouble qu'on vous sert en guise de pensée : montrez-moi dans d'autres chaires, même des plus applaudies, beaucoup d'hommes qui vaillent la plupart de mes frères dans le sacerdoce, et vous aurez droit d'être sévères pour les prédicateurs. En attendant, croyez-moi : gardez le silence.

Pour quiconque a de la sincérité et de la générosité, la vérité, parlée même par des lèvres inexpérimentées, mérite le respect. Il y a plus : si inexpérimentées que soient ces lèvres, par cela qu'elles ont mission de parler, on peut tirer profit de ce qu'elles disent, et l'homme de jugement vise d'abord à rencontrer le sérieux et la conviction dans la parole, afin d'y trouver occasion de profit. Dès lors la prédication, réduite autant qu'il vous plaira, est encore un moyen profitable de s'instruire : bien plus profitable que la lecture. Le livre est mort, la parole est vivante : vous pouvez en faire l'expérience. Prenez le plus beau livre du monde, lisez-le silencieusement ; rien ne vit ! Mais prêtez à l'orateur le son de votre voix tout de suite une émotion se produit en votre âme. J'en ai fait l'épreuve, dans un cercle où des hommes, intelligents pourtant, déclaraient que les grands orateurs n'étaient plus de notre temps. Je pris cette admirable conférence du Père Lacordaire, — la dernière de Toulouse, — où il traite des influences de la foi sur la vie publique. Dans l'espèce d'indignation, que m'avait communiquée cette ineptie dite par des gens d'esprit, je fis vibrer, autant qu'il dépendait de moi, les paroles de l'illustre mort. Il se dressa de toute sa hauteur et écrasa les auditeurs de la majesté et de la splendeur de son éloquence, et quand je me tus moi-même, la voix brisée par l'effort que j'avais fait, les âmes s'étaient laissé emporter au souffle oratoire qui venait de passer sur ces contempteurs de la chaire ! Le livre est mort, la parole est vivante. Elle seule est vivante en réalité ; elle seule pénètre vraiment au fond de l'âme. On apprend dix fois plus en cinq minutes de conversation qu'en dix pages de la lettre la mieux écrite : vous le dites souvent, et vous avez raison. Allez donc chercher, au pied de la chaire, l'illumination que ne vous donnera pas le livre. Il continue, il achève la parole, si vous le voulez ; mais elle est le principe, par excellence, de la lumière, de l'émotion, par conséquent, de la foi : *Fides ex auditu*.

Faites à la chaire, Messieurs, l'honneur de votre présence, elle vous payera au centuple, ne fût-ce qu'en élévations et en entraînements ! Si nous n'étions que des hommes, nous pourrions vous dire : « Quand nous voyons autour de nos chaires les enfants ou les bonnes femmes que vous daignez encore nous abandonner, que pouvons-nous essayer d'éloquence ? Vous les puissants d'intelligence, les chercheurs du beau, du grand, du vrai, où êtes-vous ? Comme il est aisé, n'est-ce pas, d'ouvrir des ailes d'aigle quand on est enfermé dans une cage ! Comme il est aisé d'aspirer l'atmosphère immense, quand on vous a enfermé dans une étroite prison ! » Voilà pourtant ce que vous faites de nous, Messieurs. Cicéron, qui s'y connaissait, a dit qu'il n'y a pas d'orateur sans multitude pour l'entendre. Eh bien, faites-nous des multitudes : rendez-nous les auditoires d'hommes que nous désirons, et vous verrez qu'il n'est pas malaisé, quand on a sous les pieds ces grandes vagues humaines, de les fouler, comme le Seigneur Jésus, d'un pied dominateur ! Si la chaire baisse, c'est votre faute : relevez-la ! Faites-lui d'ordinaire l'honneur que vous lui faites en ces jours ; devenez la mer où le Pêcheur divin peut jeter librement son filet, et vous verrez quelle pêche merveilleuse récompensera votre docilité et payera son propre labeur.

Encore un mot : après avoir écouté le prêtre dans la chaire, allez écouter de plus près celui qui vous a émus ; car la prédication générale doit s'aider de cette prédication intime, qui se fait dans l'intimité du cœur au cœur, bien autrement pénétrante et effective. Faites du prédicateur un ami, le confident de votre âme ; et vous comprendrez, Messieurs, que la vérité ne demande qu'à laisser tomber ses voiles et sait payer d'une joie ineffable l'hommage d'un sincère amour.

Enfin, laissez-moi vous dire que les deux premiers moyens ne signifieraient rien, si vous n'y joigniez la prière. C'est la pensée la plus importante des trois, celle aussi qui est ordinairement plus étrangère à vos habitudes. Donnez-moi encore quelques moments d'attention ; je veux faire, autant qu'il dépendra de moi, la lumière sur ce point, car c'est vraiment le plus important de notre sujet.

La vérité est lumière. Après avoir brillé en Dieu, de toute éternité, mais pour lui seul, elle a daigné, dans le temps, se faire la lumière de notre propre intelligence : non pas en raison d'un droit que nous eussions sur elle, mais en raison de l'amour que l'éternelle vérité porte à la raison humaine. Donc, si nous voulons que la vérité continue d'illuminer progressivement notre intelligence, il ne faut pas rompre ce lien d'amour qui est entre elle et notre raison, image et participation de l'éternelle raison. Or, comment ce lien s'établit-il? Par la reconnaissance de notre insuffisance à trouver la vérité parfaite, — de notre désir de la posséder, — de notre gratitude de l'avoir reçue, — du respect que nous lui portons et de notre volonté de la traduire dans l'activité qui fait notre vie. Mais tout cela, en un seul mot, c'est la prière ! Qu'est-ce que la prière, en effet? « C'est, dit le catéchisme, une élévation du cœur vers Dieu. » Et pourquoi ce mouvement? pour lui exposer nos besoins, lui demander son aide et le remercier de ses dons. La première de ces grâces, puisque nous sommes des êtres raisonnables, c'est l'affermissement de l'esprit et l'élargissement de la clarté : c'est donc aussi le premier objet de la prière, et, si vous la supprimez de votre vie, jamais vous n'entrerez dans la connaissance de la vérité surnaturelle, ou ne réussirez pas à vous y maintenir.

Vous dites : « Je n'ai pas la foi. » Ce n'est pas absolument exact. Que vous ne l'ayez pas sensible, lumineuse et paisible, forte et active, c'est vrai. Mais vous avez été baptisés ; vous avez en vous, par conséquent, la grâce initiale de la foi. C'est donc de votre faute, si la foi n'est pas ce qu'elle doit être en vous. Vous objectez : « C'est un don de Dieu : ne l'a pas qui veut. » Pardon ; ne l'a pas qui veut, s'il la veut tenir de ses propres forces et ne compte que sur ce moyen pour l'avoir. Dieu est l'Être qui a fait votre raison pour sa vérité; l'Être qui, par la révélation, a établi le rapport entre votre raison et sa vérité; l'Être qui s'est fait homme pour parler directement sa vérité à l'homme ; l'Être qui s'est fait homme pour mourir sur une croix, afin que son sang fût le sceau de l'union entre sa vérité et la raison, la garantie que le lien peut être brisé seulement par la volonté inepte et obstinée de l'homme. Vous n'avez pas la foi; la demandez-vous? Je vous entends : « Pour demander, il faudrait croire à la nécessité de le faire. » — « Voyons, vous êtes donc bien forts ou vous n'avez donc aucune conscience de votre faiblesse? Vous ne croyez donc pas non plus à l'Être infiniment puissant et à la possibilité, pour vous, d'entrer en relations avec lui? — Si vous le savez, comment se fait-il que le bon sens (je ne dis pas : la foi, vous le voyez) ne vous porte pas à dire à la Vérité : « Puisque je ne puis vous arracher vos voiles, daignez les écarter! puisque je ne puis monter jusqu'à vous, daignez vous pencher vers moi! puisque je ne puis pénétrer en votre cœur, daignez l'ouvrir. » — Cela dépasse-t-il la portée de votre intelligence? Votre orgueil est-il assez fou pour croire s'abaisser en parlant ainsi à l'infinie grandeur? Est-ce plutôt que vous avez si petite estime de la vérité surnaturelle que vous ne veuilliez pas payer le don de Dieu par l'acte si simple qui s'appelle la demande? Telle est, je le crains, la véritable explication de votre plainte. Priez, Messieurs, pour entrer dans la foi, pour vous y maintenir, pour vous y étendre, pour monter d'ascension en ascension jusqu'à la vision pleine de Dieu, qu'on n'atteint pas sur la terre, mais où la prière mène finalement dans l'éternité. Si vous procédez ainsi, oui, vous aurez la foi, et vous en vivrez. Dieu la donne à qui la lui demande, et c'est bien le moins qu'on lui fasse l'honneur de croire à sa générosité.

Mais ce mouvement du cœur vers Dieu, qui est la prière, où s'achève-t-il? Il est d'abord un acte d'humilité constatant nos misères de nature et de volonté; où peut-il s'achever, sinon dans l'aveu sacramentel de ces misères? De même, puisque le but à atteindre dans le mouvement de l'âme vers Dieu, c'est l'union de l'intelligence divine avec la nôtre, où cette union se fait-elle, complète, définitive, sinon dans l'Eucharistie? Or, où en êtes-vous, Messieurs, à ce double point de vue? Comment pratiquez-vous cet aveu de vos misères, qui s'appelle la confession sacramentelle? Où en est votre recherche de cette union avec Jésus-Christ, qui s'accomplit dans la communion? Vous voulez voir, dites-vous : appelez la lumière! Elle vient à vous : préparez votre cœur! Recevez-la au seuil, — comme il convient à la reine des intelligences, — le front dans la poussière et en vous frappant la poitrine : « Seigneur, je ne suis qu'un homme, retirez-vous de moi. » — Ou plutôt non : « Je ne suis qu'un homme, faites de moi un Dieu, conformément à mon désir! Dans l'humanité unie à la divinité, vous avez préparé l'union de ma vie à la vôtre. Faites donc que votre intelligence devienne mon intelligence, que votre cœur devienne mon cœur; que nous soyons un, vous et moi, comme vous êtes un avec votre Père, et que j'aie dès maintenant des arrhes de la vie éternelle, dans la vision surhumaine de votre vérité, en attendant que j'arrive à celle du ciel ! Là, il n'y aura plus d'énigme, ni de voile ; divinisé par vous-même, en votre propre lumière, je porterai joyeusement le poids croissant de la contemplation. Seigneur, faites que je sois ici-bas un homme désireux de la vérité, — afin que là-haut je possède la vérité et en jouisse, dans le renouvellement incessant de votre gloire et de votre bonheur !

VENDREDI SAINT

PASSION DE NOTRE-SEIGNEUR JÉSUS-CHRIST

Éminence,
Messieurs,

De toutes les preuves que l'on peut apporter de la divinité de Jésus-Christ, la plus saisissante est peut-être souvent celle qui se tire du récit de sa mort. Une vie ne se juge jamais bien que par son dernier moment, et la mort est l'écueil où viennent se briser les personnalités les plus hautes. En Jésus-Christ, rien de pareil. La mort lui est une suprême glorification.

Dans la mort, on peut considérer sa cause, sa préparation et sa forme. Or, dans la mort de Jésus-Christ, il nous est facile de reconnaître la cause de la souffrance et de l'humiliation dans lesquelles il a voulu descendre : c'est la réparation de l'humanité déchue, la glorification de Dieu et la restauration de son plan sur l'humanité. La préparation de cette mort est également facile à déterminer : c'est l'ensemble même de la vie où, dès les premières manifestations de l'intelligence, nous constatons la prévision et la prophétie de l'heure dernière en toutes ses affres et tous ses brisements; l'acceptation non seulement généreuse, mais ardente jusqu'au désir impatient. Enfin, si nous considérons la forme de cette agonie, nous y constatons la plus merveilleuse possession de soi-même, la plus entière domination de la souffrance et le plus complet mépris de l'humiliation. Rien de tout cela n'est humain. Le martyre, qui donne à la mort le caractère le plus relevé que les hommes y puissent concevoir, n'a rien de comparable au sacrifice de celui qu'on appelle justement le Roi des Martyrs. La prévision de la mort et sa préparation ne sont, dans la vie humaine, qu'une ombre en comparaison de ce qu'elles sont dans cette vie. Si complète que soit la résignation ou même le désir, rien de comparable avec ce que nous constatons en Jésus-Christ; et à l'heure où la vigueur de l'âme, aidée de la foi, est aux prises avec l'humiliation et la souffrance dans le martyre, quelle comparaison possible entre les plus merveilleux de ces héros, les plus saintes de ces victimes, et ce héros par excellence, cette victime sans pareille qui s'appelle Jésus-Christ! Rien n'est humain dans sa mort, et le centurion avait raison de dire : « Vraiment cet homme était le Fils de Dieu! »

Quelque attachant que soit ce sujet, je me vois forcé de le restreindre et de ne retenir votre pensée que sur la première considération : la cause même de la mort de Jésus-Christ. Il est vrai qu'elle appelle et contient nécessairement les autres, et que, dès lors, je n'aurai pas manqué à votre attente en paraissant réduire mon exposition.

La cause de la mort de Jésus, c'est la rédemption de l'homme, sa réintégration dans la place qu'il a perdue et en même temps la glorification du Dieu contre lequel l'homme s'est élevé et qui a dû racheter l'homme : c'est-à-dire, d'un mot, que la mort de Jésus a pour cause la destruction du péché.

L'homme pèche, a dit très bien Lacordaire, par adoration de soi. Dieu est supprimé par le péché et son souverain domaine anéanti autant qu'il dépend du pécheur. A la place de Dieu que le péché supprime, l'homme s'installe. Il se complaît en sa propre contemplation, en son admiration, finalement en son adoration, qui a deux objets, parce qu'il y a deux parties dans l'homme : l'âme et la chair. Dès lors, le plan de la Passion est facile à dessiner, puisque la cause en est l'anéantissement du péché. Il faut que nous voyions démentie la doctrine de l'adoration de l'homme en son esprit par les humiliations qui accompagnent la mort de Jésus : c'est la première part de la Passion. Secondement, il faut que nous voyions démentie la doctrine de l'adoration de la chair, dans cet entassement de souffrances sans nom qui amènent la mort sur la croix : c'est la seconde part de la Passion.

Si jamais la parole humaine a dû reconnaître son impuissance, c'est dans le récit de ces heures incomparablement douloureuses du premier Vendredi Saint! Comme le disait encore Lacordaire, il faudrait, si tant est qu'on en voulût parler dignement, demander aux saints évangélistes de quitter un instant leur trône du ciel, pour occuper la chaire et faire passer, autant qu'il dépend de leur inspiration, le sentiment dans l'âme des auditeurs. Mieux encore, il faudrait que celui-là même qui les a traversées, et qui, brisé par le fardeau, a eu besoin, au dernier instant, de se plaindre à Dieu de l'accablement où il le laissait, descendît de sa croix, ou mieux, qu'y restant comme en la seule chaire qui lui convienne, il daignât nous dire ce qui s'est passé dans son esprit, dans son cœur et dans ses sens. Mais qui oserait le lui demander? O Maître, Maître, je vais parler de vous, non comme je le voudrais mais avec le sentiment de mon impuissance ! Maître, j'appellerais bien votre Mère à mon aide : mais qui oserait l'invoquer, en pensant aux souvenirs qu'il faudrait raviver dans son cœur brisé! Maître, c'est à vous que je m'adresse! Faites aujourd'hui qu'ils entendent, non la parole d'un homme, mais votre parole, la parole de mon Dieu crucifié!

La première cause de la passion et de la mort de Jésus-Christ, c'est l'adoration de l'homme en son esprit, c'est-à-dire l'orgueil. L'homme est orgueilleux de son intelligence et de tout ce qui naît de cette intelligence. Pour réparer ce premier désordre, le Sauveur a voulu descendre jusqu'aux dernières profondeurs de l'humiliation. Il s'est imposé de subir en lui-même l'écrasement de tous nos orgueils et, dès le premier moment que nous le rencontrons, il est dans l'accablement, la tristesse, la crainte, l'ennui. Il était, de l'aveu de tous, une intelligence tellement supérieure, que personne n'eût osé se comparer à lui. Ceux-là mêmes qui semblaient le moins capables de le comprendre, par conséquent, de l'admirer, et sur lesquels sa parole glissait le plus facilement, disaient : « Personne n'a jamais parlé comme cet homme. » Les foules s'élançaient sur ses traces, enivrées et acclamantes ; ceux qui le détestaient davantage étaient obligés de reconnaître qu'il n'y avait rien à faire contre cet entraînement. Or ce géant de l'intelligence et de l'éloquence, regardez-le, au Jardin des Oliviers : est-ce bien l'homme que nous venons de peindre ? Cet être tremblant, indécis de la place où il va arrêter sa terreur et son ennui, cet être qui n'a même pas voulu qu'on le vît dans cet affaissement et qui glisse entre les oliviers, se dissimulant aux regards, puis, arrivé dans la grotte se laisse aller sur le sol, gémit, pleure, sanglote, dans la sueur de sang qui le couvre et coule jusqu'à terre : c'est Lui ! Où est son intelligence ? Où l'énergie dont il faisait preuve en face des obstacles ? Écoutez ce qui sort de ses lèvres : « Mon âme est triste jusqu'à la mort. Ne vous éloignez pas trop ; restez-là ; veillez avec moi. » Il ne veut pas que, dans l'ombre, ils le laissent tout seul ! Puis, quand il tourne les yeux vers le ciel, vers ce Père qu'il appelait jadis avec tant de confiance, écoutez-le parler : « Mon Père, s'il est possible... » Il ne sait plus, semble-t-il, si c'est possible : il ne sait plus la pensée de son Père, et il paraît reculer devant le sacrifice : « S'il est possible que ce calice s'éloigne de moi ! » Ne dirait-on pas qu'il a besoin de faire effort pour se retrouver, se reconnaître, se dominer ? Par trois fois, il répète, comme pour se l'imposer à lui-même, la formule de l'acceptation de ce calice qu'il a pourtant prévu depuis toujours, qu'il a prophétisé si souvent, dont il a dit qu'il désirait ardemment le boire. Et il faut qu'un ange descende du ciel pour essuyer la sueur de sang, pour relever cette tête accablée, pour remettre ses pieds dans la route où l'on pourrait croire qu'ils n'ont plus le courage de marcher ?

L'humiliation se poursuit et change de forme. Ce maître surhumain a des disciples ; il les a nourris de la vérité ; il a éclairé leurs âmes de clartés que le ciel peut envier ; il les a entourés de tendresses que l'éternité même semble ne pouvoir augmenter ; il leur a ouvert son esprit et son cœur, et il vient d'instituer pour eux le sacrement de sa chair et de son sang. Ils ont attesté qu'ils ne se sépareraient de lui ni dans la vie ni dans la mort, qu'ils le suivraient à la prison et dans l'exil ; et voici que la tourbe armée de bâtons et de couteaux qui s'avance dans l'ombre pour le saisir, n'ayant pas osé l'aborder en plein jour, est conduite par un disciple ! Encore, la trahison de ce disciple n'est-elle point ordinaire ! Il était l'homme de confiance du collège apostolique, et précisément parce qu'il sait qu'on a confiance en lui, il a donné ce mot d'ordre à ceux qu'il amène : « Celui que j'embrasserai : c'est lui, tenez-le ; ayez bien soin de ne pas le laisser échapper ! » Le voici qui s'avance. Il ne se souvient plus du regard qui pénétrait les âmes, de la puissance qui s'est tant de fois manifestée dans les miracles, ou, s'il s'en souvient, il les méprise ! L'heure a changé : pour lui, le Fils de Dieu n'est plus qu'un homme abandonné. Sur son visage, le traître voit les traces de son accablement et, dans tout son extérieur, la preuve de ce brisement qui ne lui permet plus de résister à personne. « Maître, je vous salue. » Et, penché sur son épaule, il multiplie les baisers, pendant que le Maître l'écarte doucement : « Pauvre ami, qu'êtes-vous donc venu faire ici ? Judas, vous trahissez le Fils de l'homme par un baiser ! » Et, comme s'il n'était pas capable de voir plus longtemps ce visage de traître, il se jette au-devant de ceux qui le cherchent : « Qui demandez-vous ? — Jésus de Nazareth. — C'est moi. » On croirait qu'il veut se débarrasser de l'humiliation qui lui revient de ce disciple qui le trahit, de cet autre qui s'affole et frappe à tort et à travers, et de tout le groupe enfin, qui fuit dans toutes les directions. « C'est moi que vous cherchez ? Eh bien, me voici. Laissez aller ceux-ci. » Et un sourire d'une triste ironie suit, dans les chemins où ils se dispersent, les amis qui, tout à l'heure, juraient de mourir pour lui !

On le traîne devant les grands prêtres. Lui, le Prêtre éternel ; lui, le Dieu pour lequel existent les prêtres ; lui, qui a institué le sacerdoce d'Aaron ; lui, au nom de qui on a versé sur la tête d'Anne et de Caïphe l'huile sainte de la consécration, le voici devant eux. Y est-il simplement en serviteur ? Non, il y est en accusé. Et de quoi est-il accusé ? De blasphème contre Dieu, contre le temple, contre le sacerdoce ! C'est un séducteur, il a entraîné le peuple dans les voies de l'erreur. On va lui demander à lui-même, avec un suprême dédain, l'attestation de son sacrilège, et quand il a répondu à l'objurgation du grand prêtre : « Dis-nous si tu es le Fils de Dieu. — C'est vous-même qui l'avez dit », une clameur furieuse, sort des lèvres des pontifes d'abord, et, répétée par la tourbe qui les environne, s'élève : « Il est digne de mort ! Il a blasphémé ! Nous n'avons pas besoin de témoins, vous l'avez entendu de sa bouche ! » S'il n'avait pas parlé, il eût été accusé par son silence ; puisqu'il a rendu témoignage, il est digne de mort! Et alors voici que ces pontifes, les égaux des rois, se jettent eux-mêmes, dit le texte sacré, sur leur victime, et la couvrent de crachats et de soufflets, lui environnent la tête du voile qui la protège et, dans l'aveuglement où ils l'ont plongé, lui crient avec ironie : « Prophète, dis-nous qui t'a frappé ! » Et les valets redoublent d'insultes. Il tombe sous les coups; celui-là même dont, tout à l'heure, il a guéri l'oreille blessée, le frappe au visage. Pour toute protestation : « Si j'ai mal parlé, dit-il, montrez-le : et, si j'ai bien parlé, pourquoi me frappez-vous? » Mais on dédaigne de répondre. Il faudra que, la nuit passée dans ces outrages, il se retrouve, demain, aux premières lueurs, en face de ce qu'ils appellent un tribunal. Ne faut-il pas qu'on légalise cette condamnation dans laquelle ils ont négligé d'observer les formes? Oh! ne croyez pas qu'ils aient souci de la vie du condamné; ils n'ont pas, un seul instant, la pensée de compter avec elle. Leur unique souci, c'est que tout soit bien en forme; car il y a là-bas, dans cette Antonia qui domine le temple et le lieu où ils sont assemblés, un représentant de cette Rome, dont il serait si bon de se débarrasser, mais dont, en attendant, on lèche les cothurnes! Il faut se mettre en règle avec cette autorité qu'on n'ose contredire. La conscience étouffée et Dieu blasphémé; un homme, et un tel homme, jeté à la mort sans cause : voilà qui ne les embarrasse guère ! Qu'importe après tout ce sang à répandre? Mais il le faut répandre selon les règles! Et l'on mène l'accusé au procurateur.

Pilate est un soldat ; il a de soi un respect que n'ont pas ces scribes. Il a dans l'âme une droiture que ne connaît pas leur âme ; il a un sens de la justice et de l'honneur qui n'a jamais hanté leur esprit. Il s'indigne. Que lui veulent ces légistes et ces théologiens de parade? « S'il n'était pas coupable, nous ne l'aurions pas amené. » — Qu'est-ce que cette accusation? Que couvre-t-elle? Et il leur tourne le dos avec mépris. Pour reprendre la cause, il s'enferme seul avec le condamné, dont il veut étudier la personnalité, — dont il a si souvent entendu citer le nom et les œuvres, sans l'avoir jamais rencontré sur sa route. « Es-tu roi des Juifs? — Oui, mais mon royaume n'est pas de ce monde. S'il en était, j'aurais des partisans qui me défendraient et je ne serais pas entre tes mains. Je suis venu sur la terre pour rendre témoignage à la vérité et y fonder le royaume des âmes qui vivent de la vérité. — La vérité ! dit Pilate, la vérité? Qu'est-ce que c'est que la vérité? *Quid est veritas?* » Il a ruiné sa cause d'un coup ! Ah! s'il avait été le roi que les Juifs dénonçaient ; s'il avait été un adversaire de César, dont le procurateur pût s'effrayer, alors oui, il y avait là une cause digne du représentant de Rome. Mais la vérité !... *Quid est veritas?* Allons, encore un de ces rêveurs qui a trouvé la vérité sur les chemins où on la recherche depuis si longtemps, sans qu'elle s'y rencontre ! Encore un de ces ergoteurs raffinés, comme en produit cette nation juive, féconde en idées subtiles et en paroles creuses ! *Quid est veritas ?*

Cependant les clameurs de la foule ont rappelé à Pilate que le coupable vient de la Galilée. Excellent moyen de s'en débarrasser ! pense-t-il ! Mais pourquoi ? Comment se débarrasser de cette cause ! Voyons, soldat, — voyons, patricien, — voyons, représentant de Rome, la vie d'un homme, qu'est-ce que vous en faites ? Se débarrasser de la cause, comment ? Le livrer à ceux qui demandent sa mort ? Vous ne pouvez pas ! Le mettre hors de cause ? Ils ne veulent pas ! Vous n'avez donc pas trouvé dans votre épée et dans votre cœur un moyen de servir la justice, puisque vous ne croyez pas à la vérité ?... Non ! Il l'envoie à Hérode : « Débarrassé, quel bonheur ! Hérode fera ce qu'il voudra de l'accusé que je lui envoie. S'il répand le sang, ce n'est pas mon affaire. S'il le veut épargner, il prendra les moyens qu'il voudra. Pour moi, bonne journée ! J'ai évité une affaire dans laquelle allait peut-être sombrer mon prestige, où celui de Rome se trouvait lui-même compromis. A Hérode ! qu'il s'en tire ! »

De ce magistrat singulier, voilà Jésus conduit à ce roi dont il a dit lui-même autrefois : « C'est un renard », le comparant à ces rôdeurs de nuit sans bravoure, qui n'osent pas mordre au plein soleil, mais qui, si d'aventure, sur les chemins nocturnes, ils rencontrent une victime, ne craignent pas d'en boire le sang. La tête de Jean-Baptiste est encore à ses pieds ; il en a encore sur les mains le sang versé, et c'est à lui que Pilate envoie Jésus-Christ !

Hérode n'a rien de Pilate. Soldat ? Il n'a jamais touché à une épée. Homme de cœur ? Tout ce qu'il en a s'est montré dans l'amour adultère d'Hérodiade. Dignité humaine ? On sait que ce plat courtisan des Césars, cet esclave d'une ambition féminine qui lui a déjà pris son honneur, est absolument incapable d'indignation, en face d'un crime à commettre ou à empêcher ! Toutefois il est curieux d'émotions, comme tous ces princes orientaux que l'ennui ronge, que leur servitude écrase, qui trouvent moyen d'échapper à l'ennui par des secousses violentes, et au déshonneur par l'apparat d'une puérile grandeur dont rient ceux qui la leur permettent. Hérode a le désir de voir ce prophète, dont on lui a tant parlé, faire devant lui quelques-unes des œuvres qui lui ont valu sa réputation. Il va sans doute se passer, en cette entrevue, quelque chose d'extraordinaire, et déjà il frissonne de la sensation qu'il attend. Les questions se multiplient. Cet usurpateur du trône des rois d'Israël et de Juda joue avec l'héritier de David et de Salomon comme le tigre joue avec la proie qu'il va déchirer. Mais dédaigneux de cette curiosité, le Maître se tait. En vain Hérode insiste, Jésus s'enferme dans un silence absolu. Son regard semble perdu dans le vague; ses lèvres fermées gardent le secret des émotions qu'il éprouve. Alors c'est un fou! Ne sait-il pas à quoi il s'expose? S'il le sait, quelle bravade insensée! S'il n'en a pas le sentiment, tout est éteint en lui! La catastrophe où il vient de sombrer, cette chute, des hauteurs où se tenait le Christ Fils de Dieu, à cet abîme où il est maintenant, sans doute, a fait éclater son crâne. Il n'y a plus rien dans cette intelligence : à quoi bon s'acharner après cette faiblesse ridicule? Mettez-lui sur l'épaule un manteau blanc : c'est le manteau des fous, innocents par irresponsabilité. C'est aussi le manteau des rois : donnez-le à ce prétendant à la royauté! Qu'il ait, en ces lueurs qui lui restent, au moins un instant, l'illusion qu'il est roi! Je l'abandonne à la pitié ou à la justice de Pilate. Cela ne me regarde plus. Va, retourne à Pilate et qu'il fasse de toi ce qu'il voudra!

Pilate le reçoit avec irritation. Il va donc falloir rentrer dans cet embarras, compter avec cette canaille qui hurle, avec ces êtres moitié vipères moitié renards qui composent le sanhédrin : scribes, anciens et prêtres! Qui me débarrassera du Galiléen? — Mais il ne peut s'en débarrasser. — « Je ne trouve pas de cause pour le condamner; Hérode a pensé comme moi : je vais donc le faire châtier, comme responsable, après tout, d'un tumulte qui vient de se produire, et puis je le renverrai. — Non, vous ne le renverrez pas! — Mais quel mal a-t-il fait? — Il a dit qu'il était le Fils de Dieu : suivant notre loi, il doit mourir. Il a dit encore qu'il était roi, et quiconque se fait roi contredit César, et vous n'êtes pas l'ami de César, si vous le renvoyez absous. » Ces derniers mots font réfléchir l'agent de Rome. Un blasphème contre Dieu, il s'en inquiéterait peu; mais l'apparence même d'un blasphème contre César, c'est une autre affaire. S'il persiste à le renvoyer, du moins faut-il trouver un biais : — « J'ai coutume de vous libérer, tous les ans, à la fête de Pâques, un prisonnier. Lequel voulez-vous que je vous délivre, celui que vous appelez votre roi et qui porte le nom de Christ, ou bien Barabbas, que j'ai fait enfermer, ces jours-ci, pour sédition, pour vol, pour assassinat, et dont la tête attend la hache du licteur? — Nous voulons Barabbas! — Mais que ferai-je de ce Jésus? — Crucifiez-le! — Mais c'est votre roi! est-ce que je puis crucifier le roi des Juifs? — Enlevez! Enlevez! Crucifiez! »

Le procurateur fait un signe : voici monter les degrés de son tribunal un serviteur qui apporte un bassin et une aiguière. Solennellement l'aiguière laisse tomber l'eau sur les mains du procurateur, qui jette à la foule cette phrase étrange : « C'est vous qui en répondrez. Je me lave les mains du sang de ce juste. » Et la foule de crier : « Que son sang retombe sur nous et sur nos enfants! »

Voyez-vous moyen de descendre encore dans l'humiliation. Oui;

car voici que s'ajoutent à cette sentence de mort, signée par tout un peuple, aggravée par une infâme confrontation, voici que s'ajoutent des insultes, des injures que l'histoire n'avait point encore racontées. Tacite qui relate, sans paraître s'en émouvoir, le meurtre de tant de princes et d'illustres citoyens, a soin de faire remarquer que la mort venait seule avant ces heures néfastes où Rome perdit toute pudeur : *Et pereuntibus addita ludibria*. Jésus a inauguré cette aggravation à la souffrance par des humiliations inouïes : « *Ibis ad crucem :* Tu iras à la Croix », a dit le juge, suivant la formule du droit romain. Mais la croix, c'est le supplice des esclaves et il n'y a rien qui dépasse je ne dis pas la douleur, — que cependant les Romains regardaient comme indescriptible, — mais l'horrible humiliation de ce supplice. On n'est plus un homme quand on pend à une croix. Frappé par le glaive du licteur, le blasphémateur lapidé, la femme adultère étranglée, gardent encore un caractère humain ; le crucifié ne l'a plus ! La loi mosaïque a dit « qu'il est maudit, celui qui pend à la croix », et Cicéron avertit ses compatriotes que l'indignation que l'on éprouve, en plaidant certaines causes, ne permet pas de prononcer, dans les cités libres, le nom de la croix. C'est le supplice des esclaves ou, si l'on n'est pas esclave, il faut être descendu à leur niveau, plus bas encore, pour y être condamné. « *Ibis ad crucem :* Tu iras à la croix. »

Avant d'aller à la croix, il faut passer par la flagellation ; non pas celle qui se donne avec les baguettes du faisceau des licteurs : c'est supplice d'homme libre ; — mais celle qui requiert le *flagellum*, ce fouet à lanières lisses et coupantes dont les dames romaines savaient si bien déchirer les épaules et le sein de leurs esclaves, pendant que leurs maris détournaient la tête. Car, suivant Horace, c'est un supplice tellement horrible qu'on n'en peut supporter la vue. Voyez-le, les mains liées à une colonne basse, les épaules arquées par la traction des poignets : et, derrière lui, un de ces artistes en torture que la belle antiquité avait soin d'entretenir pour la grande joie des dilettanti de la souffrance et pour les vengeances de la loi. Il frappe avec talent, avec art ; les coups se croisent sur les épaules, se rejoignent sur la poitrine, atteignent le front et les yeux ; c'est à cela qu'on reconnaît l'habileté du tortureur, et lorsqu'il n'y a plus de chair sur les flancs, et qu'on voit les os : lorsque le front sillonné de coutures sanglantes n'a plus forme humaine ; lorsqu'un râle semble ne plus pouvoir sortir de la poitrine, un signe arrête le bourreau.

Ce n'est pas fini, toutefois. Il a été flagellé comme un esclave : mais cet esclave s'est dit roi ! Il ne faut pas oublier ce détail ! Ils font une couronne de joncs, ils entourent sa tête, puis on y plante des épines. Les aiguillons en haut sont les pointes de la tiare ; d'autres rayonnent tout autour comme dans les auréoles qu'on met aux statues des Césars et des dieux. Le spectacle est déjà amusant! On le complète : un lambeau de pourpre sur les épaules, un roseau entre les mains pour simuler un sceptre! Et maintenant : « *Ave, rex Judæorum!* Nous te saluons, roi des Juifs! » Alors Pilate, qui croit encore à la pitié chez ce peuple, le lui présente dans l'état pitoyable où ils l'ont mis et en criant : « Voilà l'homme! » Voilà l'homme? Non, il y a longtemps que ce n'est plus un homme ; mais une chair broyée de coups, et un cœur noyé dans l'humiliation : — « *Tolle, tolle, crucifige eum*. Enlevez-le, ôtez-nous ce spectacle et crucifiez-le! » — C'est fini : « *Et dimisit eum ut crucifigeretur :* et il le leur remit afin qu'il fût crucifié. »

Mais il aurait manqué un trait à l'humiliation, si nous devions en rester là ; oui, après avoir été traité de fou par l'usurpateur de son trône, il eût manqué quelque chose à l'épreuve de Jésus, si l'on n'avait adjoint, dans la mort, à ce roi des rois, à ce prêtre éternel, deux bandits dont l'un occupait sa droite et l'autre sa gauche. Roi des Juifs, tu auras une cour; pontife, tu auras des acolytes ; maître, tu auras des auditeurs; bienfaiteur de l'humanité, tu pourras répandre des consolations ou des pleurs sur ceux qui souffrent à côté de toi. « *Ibis ad crucem*, tu iras à la croix » ; mais tu n'iras pas seul et, afin que ton humiliation soit bien complète, nous te donnerons les assesseurs que nous jugeons dignes de toi : les derniers des scélérats par les crimes et les derniers des êtres par l'intelligence. Eux-mêmes ne trouveront, avant que tu illumines l'un d'eux, que des injures pour ton supplice, et leur croix les mettra juste à la hauteur de la tienne, afin que le blasphème aille droit de leur bouche à ton front et leurs insultes droit à ton cœur!

Cette fois, n'est-ce pas, il ne reste plus rien ; le fond de l'humiliation est bien touché. Mais ce qu'il faut nous dire, c'est que c'est là un dessein divin, d'après lequel nous voyons le Maître, les lèvres au bord du calice, buvant goutte à goutte la lie qui est au fond, ne s'arrêtant que là où il peut dire : « Tout est consommé. » Et notre orgueil, car c'est de nous tous que nous parlons, comment osera-t-il paraître devant Celui qui a été ainsi humilié pour nous. « *Attritus est propter scelera nostra.* » C'est pour nous qu'il est mort ; notre orgueil est la cause même de cette délectation dans l'humiliation, de ces regards incessants jetés sur l'abîme où il allait descendre, de ce désir qui le pressait, quand il disait, au soir du Jeudi Saint : « C'est l'heure ; allons, afin qu'on voie que je fais la volonté de mon Père. » Et, nous pouvons bien dire, avec le centurion, en le voyant dans l'humiliation de la croix : « Oui, celui-là était vraiment le Fils de Dieu : *vere ille homo erat Filius Dei.* »

.˙.

La seconde cause de la passion et de la mort de Jésus-Christ, c'est l'adoration de l'homme en sa chair. Si la première, celle de l'esprit, est fréquente, bien plus fréquente encore est la seconde. Tous les hommes ne sont pas capables de cette grande infatuation de soi-même, qui arrive à la négation du souverain domaine de Dieu; mais tous les hommes sont capables de l'adoration de soi-même dans la chair. Flatter ses sens, leur chercher des jouissances, que l'on multiplie et raffine jusqu'à les amener au point que tout s'endort, les sens eux-mêmes et l'esprit, dans la joie ainsi préparée, c'est l'histoire de la plupart des hommes, et il n'est personne qui se puisse prétendre à l'abri de ces abaissements. Pour arriver à l'adoration de soi-même dans l'orgueil il faut monter, et les ascensions ne sont point faciles à tout le monde; pour réaliser les folies de la chair, il suffit de se laisser glisser pour descendre, et, quand on paraît avoir touché le fond de la fange, trouver encore moyen de s'y enfoncer davantage. Par conséquent, s'il y a une cause qui agisse plus directement sur la Passion et la mort de Jésus-Christ, c'est l'adoration de la chair. Aussi le Maître apporte-t-il le remède à cette décadence en des conditions exceptionnelles.

Il a goûté, croirait-on, je ne sais quelle volupté terrible, dans les douleurs par lesquelles il a expié les flatteries et les satisfactions qui contentent la chair. Passons vite, car le spectacle est trop affreux pour que nous puissions le supporter longtemps. Voici le Sauveur à Gethsémani. La sueur de sang coule sur son front: on sent que, s'il n'était soutenu par la force qui doit le mener au Calvaire, il resterait sur la pierre de la grotte funèbre. Aussi quand, broyé dès le premier pas dans la douleur, il se remet aux mains des satellites, voyez quelle victime ils entraînent. Ce visage pâli et où le sang s'est figé dans la poussière; ces genoux qui tremblent encore du frémissement de l'agonie; ces mains qui semblent chercher, dans la nuit, le chemin où les pieds trébuchent: c'est celui qu'on appelait jadis le plus beau des enfants des hommes, dont le rayonnement au Thabor, avait affolé Simon-Pierre, quand il disait: « Il fait bon d'être ici! dressons-y trois tentes! »

Ce n'est déjà plus qu'un débris humain, et il n'est pas encore chez les grands prêtres! Le voici devant Caïphe, couvert de coups, et d'insultes, jeté dans une étroite prison pour y attendre le matin. L'agonie, le jeûne, la veille, les tortures du cœur et les souffrances physiques en ont fait, quand le soleil se lève, l'homme des douleurs. Et ce n'est que le prélude de sa passion.

Pilate l'a rejeté vers Hérode, qui l'a rejeté, lui, vers Pilate : il a fallu traverser, traîné par des cordes et des chaînes, les rues de cette ville dont le soleil qui monte commence à faire une fournaise dans une poussière étouffante, au milieu des clameurs de la population qui lui jette des pierres. Et quand il a entendu la condamnation qui le frappe, voici venir enfin les grandes souffrances. Il va être flagellé. Tout à l'heure, nous esquissions le tableau de cette scène affreuse ; mais quelle nouvelle douleur ajoutée à la première, lorsque le cercle d'épines a serré sa tête, lorsque les chutes multipliées ont élargi les plaies, lorsque le manteau de pourpre collé à ses épaules a été arraché pour qu'il reprît ses vêtements, lorsqu'il lui a fallu mettre à son épaule le bois de la croix qu'il devait traîner jusqu'au Golgotha !

Que reste-t-il de cette vie puissante, où la beauté le disputait à la force et la force à la beauté ! Voyez passer, sous la porte de l'Antonia, celui qui semblait revêtir la majesté de Dieu même, quand, trois jours auparavant, il franchissait la porte du Temple. Voyez apparaître, au haut de la montée où ses pieds vont glisser tout à l'heure, la victime de votre mollesse, le martyr de votre sensualité ! La croix le soutient plus qu'il ne la porte. A chaque mouvement qu'il fait, le choc du bois infâme sur les épines renouvelle les douleurs du couronnement ; à chaque secousse que lui imprime le heurt de la croix sur les pavés, il semble que tout son être entre dans une fournaise de douleur. Après quelques pas, il est déjà étendu sur le sol, et la foule rit et clame, pendant que les soldats s'en prennent à lui de la corvée qu'ils doivent faire, et le poussent à coups de pieds, avec le manche ou la pointe même des piques. Il faut qu'il se relève ! Il se traîne quelques pas plus loin, un autre choc le jette à terre. Il n'arrivera pas jusqu'au bout, si vous ne le déchargez de son fardeau ! Passe un Cyrénéen et la main d'un soldat s'abat sur son épaule : « Allons, prends cette croix et porte-la derrière lui, puisqu'il ne peut plus la porter ! » Or pendant que le Cyrénéen prend la croix, et que Jésus se relève sur ses mains tremblantes, voici que, tout à coup, près de lui, une femme fléchit le genou, et le presse dans ses bras. Sa Mère ! elle a rejoint, à une bifurcation, le cortège funèbre et, profitant d'une trouée dans la foule, elle s'est avancée, elle s'est agenouillée près de lui. Mais l'embrasser longuement, non, ils ne le permettront pas ! Ils n'ont pas le temps ! Que leur importe à eux que ce condamné ait une mère ? Est-ce que tous les bandits, les esclaves même n'ont pas des mères ? S'il fallait s'arrêter pour laisser à celle-ci le loisir d'embrasser ou de consoler son Fils, mais que deviendrait cette impassibilité que recommande le Talmud envers les crucifiés, ou ce dédain qu'ont les Romains pour le sang vulgaire, qu'ils versent sans presque savoir ce qu'ils font. Un regard, c'est tout ce que peuvent échanger la Mère et le Fils. Si vous savez ce que c'est que souffrir, demandez-vous ce que Jésus a souffert à cette heure ! Ah ! certes, nous avons passé par des heures bien dures, tous tant que nous sommes ; mais connaissez-vous une heure où l'on nous ait demandé de porter un pareil fardeau ? Avez-vous jamais rêvé, Messieurs, quand vous avez songé à l'ingratitude des hommes et au mépris que le monde fait de l'honneur et de la vie de ceux qu'il brise, avez-vous pensé que votre mère surviendrait et, mesurant, avec son cœur si habile à prendre la mesure de votre cœur, votre humiliation et votre souffrance, n'aurait pas même le loisir de vous dire une parole de consolation, et qu'il y aurait, entre son baiser et vos lèvres, cette main prête à souffleter la mère comme elle souffletait le fils ?

Il s'est relevé et remonte la pente opposée par une de ces rues encombrées, dont nous parlions tout à l'heure. Encore une chute ! Mais, cette fois, on dirait qu'il a voulu s'accorder à lui-même une consolation. — En est-ce bien une, ou n'est-ce pas plutôt un raffinement de douleur ? — On ne sait bien ce que l'on souffre qu'à la condition d'interrompre pour ainsi dire la souffrance. Ainsi le Sauveur fait d'une consolation une aggravation de souffrance !... Une femme, la seule qui ait donné une marque effective de compatissance au condamné, s'avance, un linge mouillé entre les mains ; elle le passe rapidement sur ce visage qui n'a plus rien d'humain et, lorsqu'elle lui a rendu la vue et la liberté de respirer, elle se retire emportant le trésor dont il a payé sa charité : l'image divine empreinte sur le linge dont elle a essuyé son front.

Il est enfin au sommet du Calvaire, et commence le crucifiement ! Vous avez vu, Messieurs, bien des fois l'image du Crucifié, où vos artistes ont tous commis la faute de conserver un reste de beauté. Ce n'est pas ce qu'il faut voir au Calvaire. Cet homme à moitié mort, dont la chair pend par lambeaux après qu'on l'a dépouillé de ses vêtements, dont la tête plie sous le poids des épines, dont les lèvres entr'ouvertes aspirent à grand'peine un peu d'air, dont les yeux fermés ne voient plus rien ; cet homme dont les bras sont étendus, disloqués, sur le bois, à l'aide des clous qui fixent les mains, dont les jambes sont repliées pour que la plante des pieds s'appuie sur le bois infâme et reçoive les clous ; cet homme qu'on a cerclé de cordes, afin que la projection du torse ne déchire pas les mains quand la croix s'élève et glisse dans le trou, où la terre battue doit la fixer : cet homme, ah ! ce n'est pas le Christ élégant, poseur, permettez-moi ce mot, que vous avez dans vos maisons ! C'est un être qui n'a plus rien d'humain, disait-il lui-même, dans les prophéties de son supplice ; il n'y a plus, de la plante des pieds à la tête, une place qui ne soit une cicatrice et, par conséquent, une douleur. « *Non sum homo, sed vermis :* Je ne suis plus un homme, mais un ver sur le corps duquel le pied du passant s'est appesanti. »

Voilà le spectacle de la croix ! Et quand le gibet s'est élevé en l'air et que, des reins et des genoux s'affaissant, le corps porte de tout son poids sur ces pauvres mains qui ne peuvent plus ni s'ouvrir ni se fermer ; quand les pieds essaient, de leurs doigts crispés, de s'arracher à la morsure des clous ; quand les clameurs qui montent de tous les points du Calvaire étourdissent pour ainsi dire sa pensée et l'empêchent même de mesurer sa douleur, dites s'il est possible de rien voir de comparable !

Ah ! certes la souffrance est affreuse, mais combien merveilleuse en est la domination ! Il y a des années que le Maître a vu la croix à l'horizon de sa vie, qu'il en parle comme de l'écueil apparent de sa gloire, qu'il répète que ses lèvres ont soif d'épuiser le calice ! Il a vu la croix dressée : il a entendu les bourreaux hurler ; il a senti son âme défaillir, comme il le dit lui-même, sous l'étreinte de la douleur. Et, à l'heure où tout cela se réalise, suivant sa prévision et son désir, il a gardé la plénitude de la domination en laquelle il voyait et prophétisait. La douleur le tord comme un ver de terre à demi écrasé ; mais la possession de soi-même le dresse à toute la hauteur du ciel, et, alors commencent à tomber de ses lèvres des paroles de tendresse et de commisération. Sa Mère est à côté de lui et, d'un regard qui la pénètre jusqu'au fond de l'âme, lui désignant le seul disciple fidèle : « Femme, lui dit-il voilà votre fils », et, d'un autre regard, désignant Marie au disciple privilégié : « Voilà votre Mère ». Qu'est-ce à dire ? — Mère, je vous ai fait bien souffrir en souffrant ; j'ai broyé votre cœur en permettant que l'on broyât mon cœur ; je vous ai imposé un crucifiement pire que le mien, parce que vous avez accepté de me donner, de votre chair, la chair que l'on déchire, et, de vos veines, le sang que l'on répand, afin que vous fussiez avec moi la victime et la rédemptrice de l'humanité. O Mère, votre douleur est comme la mienne, immense ainsi que l'Océan, et le passant peut dire qu'il n'y a pas de douleur comparable à notre douleur. Mais aussi, ô Mère, la rançon que nous devions payer rachetait le plus précieux des biens ! Notre cœur, notre esprit, notre chair, que nous immolons ensemble aujourd'hui, sont là dans le brisement et la souffrance, afin que l'homme qui s'est adoré soit ramené au trône d'où il est tombé par sa faute ; afin qu'il restaure le règne de l'esprit sur la chair et de Dieu sur l'esprit.

Tout n'est pas fini pour lui : il sent l'accablement total le saisir ; la main qui l'a envoyé au supplice, et qui n'est pas celle des hommes, mais celle de son Père, s'appesantit une dernière fois sur lui. Il avait, jusqu'à présent, porté le fardeau sans plier, parce que la force divine, restait en lui. Mais, s'étant fait pécheur, ou pour parler comme l'Apôtre, s'étant fait péché, et le péché séparant absolument de Dieu, il faut qu'il passe par le sentiment de cette séparation et de cet abandon. Oubliant la foule qui hurle, le bon larron qui prie et l'autre qui l'insulte, oubliant même sa Mère et le fils qu'il vient de lui donner, il semble tomber dans un découragement voisin du désespoir. Il a senti que plus rien ne le soutient : l'âme et la chair broyée n'ont plus rien qui les relève ; tout s'effondre sous ses pieds : « Mon Dieu, mon Dieu ! » il ne dit plus : « Mon Père », parce que ce n'est plus le Fils de Dieu, mais le pécheur qui parle à la justice irritée : « Mon Dieu, mon Dieu, pourquoi m'avez-vous abandonné ? » Et presque aussitôt, il crie : « J'ai soif. » Ah ! sans doute, la torture physique est un principe de soif : c'est la grande douleur, dit-on, des crucifiés. Un feu les dévore qui centuple leurs souffrances, et, sous ce soleil de plomb, devenu plus lourd depuis que les ténèbres couvrent la terre, en cette poussière qui monte toujours et qui l'étouffe, après cette déperdition du sang qui l'alanguit, on comprend qu'il crie : « J'ai soif. » Toutefois ce n'est pas là ce qui motive sa plainte ! « J'ai soif, ô Dieu qui m'abandonnez, j'ai soif de votre retour ; ô Dieu qui me traitez en pécheur, j'ai soif de votre miséricorde pour le pécheur ; j'ai soif de ces âmes à vous rendre ; j'ai soif de vous rendre à ces âmes. O hommes, j'ai soif : j'ai soif de votre cœur qui se détache de moi, et que je veux ramener à moi en le ramenant à mon Père. O mon Dieu, donnez-moi de vous voir tendant les bras à ces ingrats pardonnés ! O ingrats, pour lesquels je sollicite le pardon, donnez-moi la joie de vous voir dans les bras de votre Père ! J'ai soif »... Et un soldat qui se trompe, mais qui a peut-être un sentiment de réelle miséricorde, a mis au bout d'un tronçon d'hysope l'éponge imbibée d'eau vinaigrée dont lui-même se rafraîchit. Il s'empresse, mais la haine veille : « Oh ! non ! laissez, laissez ! » Dans la formule syro-chaldaïque, qu'il a employée, il a semblé confondre Dieu et Élie : « *Éli, Éli, Lamma sabacthani* » Il a appelé Élie, que les mourants appellent souvent au secours, : attendez, nous allons voir si Élie va venir le délivrer. » Curiosité infâme, qui écarte des lèvres du Crucifié ce suprême soulagement ! Ah ! vraiment tout est bien fini et le Maître dit : « Tout est consommé ! Les prophéties sont accomplies, mes désirs sont réalisés, la dette de l'homme est payée, Dieu est apaisé. Désormais, je puis quitter la terre où je n'ai plus rien à faire. Mon Père, je remets mon âme entre vos mains ! Vous me l'aviez donnée pour que je vinsse épuiser la souffrance et l'humiliation au profit des pécheurs : tout est consommé ! Vous me l'aviez donnée afin que j'en fisse la rançon des hommes ; j'ai payé : tout est consommé ! Vous me l'aviez donnée pour qu'elle fût le principe d'une vie que je consacrerais à raviver ces morts : ils sont ressuscités, tout est consommé ! Maintenant, laissez-moi, bon ouvrier qui achève son jour, dormir sur votre cœur et entre vos bras le sommeil que doivent dormir tous les hommes. Vous m'ouvrirez ensuite le jour de l'éternité ; après le repos de la tombe, la résurrection glorieuse. Mon Dieu, je remets mon âme entre vos mains ! »

La tête s'incline. Un grand cri atteste que le Maître de la vie et de la mort, vainqueur de la mort, vient d'abandonner la vie. Le centurion jette, lui aussi, un grand cri, et, se tournant vers les scribes et les pharisiens, effrayés des prodiges qui accompagnent cette mort, vers la foule terrifiée, vers les soldats qui, comme lui, comprennent que quelque chose de divin vient de s'accomplir, il témoigne : « Vraiment, cet homme était le Fils de Dieu. »

Oui, c'était le Fils de Dieu ; car on ne peut prévoir et accepter de pareilles souffrances qu'autant qu'on est un Dieu. Il n'est possible d'en parler avec cette liberté et cette joie que lorsqu'on est Dieu. Il n'est permis de s'y complaire, d'y entrer avec la lenteur majestueuse des rois qui descendent les degrés des trônes, qu'autant qu'on est un Dieu. Les hommes ne connaissent pas cette manière de mourir, et le centurion avait raison : Oui, c'était vraiment le Fils de Dieu, le Fils de Dieu humilié et brisé pour nos péchés, le Fils de Dieu humilié pour l'expiation et la leçon de notre orgueil ; le Fils de Dieu brisé dans la souffrance pour l'expiation et la leçon de notre sensualité.

N'allons-nous pas rendre, nous aussi, en finissant, le témoignage du centurion ?

Maître, jusqu'à présent, j'ai imité ceux qui fermaient leur esprit et leur cœur ; j'ai imité ceux qui vous trahissaient et vous traînaient de tribunal en tribunal ; j'ai imité ceux qui criaient : « Nous ne voulons pas qu'Il règne et nous demandons Barabbas » ; j'ai imité Pilate qui disait : « Qu'est-ce que la vérité » et « : Vous irez à la croix » ; j'ai imité le bourreau qui déchirait vos flancs, les soldats qui chargeaient votre tête d'épines ; j'ai enfoncé aussi les clous dans vos pieds et vos mains ; j'ai dressé la croix sur laquelle vous agonisez ; je l'ai entourée de mon indifférence, de mes mépris et de mes insultes. Seigneur, jusqu'au bout, même dans la souffrance et l'abandon des hommes, j'ai fait comme le bandit, et je vous ai insulté sur votre croix. O Maître, Maître, n'oubliez pas la raison de votre passion et de votre mort ! N'oubliez pas mon âme, Seigneur ! Dites à votre Père : « Il ne sait pas ce qu'il fait, pardonnez-lui ! » Dites à votre Mère : « Voilà votre fils ! » Dites à mon cœur : « J'ai soif ! » Et, quand vous sentirez en moi l'émotion qui commence, sentant venir votre triomphe, dites tout bas à mon oreille, afin que je n'hésite pas : « Tout est consommé ! » Prenez mon cœur, fondez-le dans le vôtre, consommez ma vie dans votre vie et que je puisse, un jour, dire avec vous : « Mon Père, je remets mon âme entre vos mains », parce que j'aurai dit avec le centurion qui vous avait conduit au supplice, qui avait présidé à votre crucifiement, qui n'avait pas fait taire les injures, encore que son cœur se sentît déjà ému, mais que la consommation de votre sacrifice et la vue de votre mort achevaient d'éclairer : « Vous êtes vraiment le Christ, Fils du Dieu vivant ».

DIMANCHE DE PAQUES

ALLOCUTION APRÈS LA COMMUNION

Messieurs,

Il y avait déjà tout un jour que le Maître était sorti du tombeau et, vers le soir, deux des disciples descendaient de Jérusalem à Emmaüs, se communiquant les sentiments pénibles qui pressaient leurs âmes depuis la grande catastrophe du vendredi. Or, pendant qu'ils allaient ainsi tristes et accablés et que leurs pas se traînaient sur la route, voici qu'un homme, sorti tout à coup des bois voisins, se joignit à eux. Sa physionomie grave et douce en même temps, et ce mouvement qui nous fait, aux heures de tristesse, accueillir volontiers quiconque semble prêt à y participer, leur firent accueillir l'étranger non seulement avec bienveillance, mais comme avec expansion. Et il leur dit : « D'où vient que votre physionomie est si triste, et que signifient les paroles amères et découragées que vous échangiez tout à l'heure ? » Et l'un d'eux : « Êtes-vous donc si étranger au pays que vous ne sachiez ce qui s'est passé ces jours-ci ? — Quoi donc ? — Mais à propos de Jésus de Nazareth, un prophète, un homme puissant en œuvres et en paroles, dont nous attendions qu'il ressusciterait Israël. Nos princes l'ont saisi, traduit à leur tribunal, attaché à une croix. Il y est mort, et voici le troisième jour que tout cela s'est passé. Notre espérance s'est évanouie. — O insensés, cœurs sans pénétration et sans ressort! C'est donc ainsi que vous comprenez ce que les prophètes ont dit de votre Christ ! » Et alors, reprenant, dès le commencement, la série des prophéties, il leur expliqua les paroles qui prédisaient le Messie et la réalisation de ces paroles dans les événements qui les avaient troublés. Et à mesure qu'il parlait, leur esprit s'illuminait, leur cœur se dilatait, ils se sentaient dans une atmosphère nouvelle, introduits dans une autre vie dont ils n'avaient bien exactement ni la notion ni surtout la mesure. L'étranger était devenu un ami, et comme le lieu où ils se rendaient approchait et qu'ils craignaient de le voir passer outre : « Restez avec nous, lui dirent-ils. Voici que le jour baisse. Où iriez-vous pour trouver quelqu'un qui vous accueillît mieux, à qui vos paroles

fissent plus de plaisir et en qui votre âme pût mieux s'épancher? »
Il sembla d'abord se refuser à leur invitation, bien qu'il eût le
désir, oh! bien ardent, de rester avec eux; et ils le forcèrent. Et
quand ils furent assis à la même table, le pain qu'ils lui présen-
taient, il le prit entre ses mains; puis, le regard levé au ciel, d'où
semblait descendre sur sa tête la splendeur même du Thabor,
il rompit le pain et le leur distribua : « Prenez et mangez. » Alors
il se fit un miracle : la lumière inonda leur esprit, la flamme sembla
dévorer leur cœur. Mais, pendant que, perdus dans l'extase, ils ne
savaient s'ils devaient lever les yeux sur lui ou les clore dans
l'adoration, il avait disparu. C'était le Seigneur! Dès qu'ils furent
revenus à eux-mêmes, ils reprirent la route de Jérusalem, et cou-
rurent vers les autres disciples, le cœur exultant, la voix vibrante :
« Nous avons vu le Seigneur! Il est ressuscité ! » A quoi les
autres répondirent : « Oui, nous savons qu'il est ressuscité, car il
s'est montré à Pierre. » Et, pendant qu'ils parlaient encore, Jésus
lui-même apparut et leur dit : « Que la paix soit avec vous ! »

Ce merveilleux récit, Messieurs, ne l'avez-vous pas vécu tout à
l'heure, après avoir traversé, dans les jours qui viennent de s'écou-
ler, la route de Jérusalem à Emmaüs? D'abord vous étiez, comme
nous tous, à l'heure mauvaise que nous traversons, déconcertés par
les abaissements du Christ, les souffrances et la captivité de son
Église. On vous avait appris, dès l'enfance, cette histoire, qui est
aussi une prophétie, l'histoire de Celui qu'attendaient les siècles,
qui s'est manifesté au milieu des siècles et de qui les siècles vivent
maintenant. Et vous vous étiez dit : « Oui, nous verrons encore les
magnificences de l'Éternel! Nous verrons encore le Christ régner,
la maternelle Église étendre son manteau sur ceux qui sont nus et
ouvrir son cœur à ceux qui sont abandonnés. — Ainsi nous espé-
rions la restauration d'Israël, et voici que le ciel, au lieu de
s'éclaircir, s'est chargé de nuages plus épais, et, au lieu que l'Église
montât à son trône, voici qu'on la tient captive. C'est un tombeau
que l'on ferme sur elle, et on entend qu'elle n'en sorte pas. Le
Christ roi s'est éclipsé. L'histoire du passé, comme disaient les
Juifs, a été éclatante; mais il n'y a plus de prophètes et le bras du
Seigneur s'est retiré. »

Mais voici qu'à l'heure où ces pensées tristes assaillaient vos
âmes, à l'heure où vous échangiez ces paroles amères et découragées, le Maître a daigné se mettre encore une fois sur votre route.
Il n'avait pas son visage ordinaire, ou plutôt c'était bien toujours
son visage que les yeux de votre foi pouvaient reconnaître; mais, un
instant, par le même dessein mystérieux que tout à l'heure, il tenait
vos yeux comme illusionnés et, au lieu de Maître Éternel de la parole,
du Verbe divin, il n'y avait devant vous qu'un reflet de ce Verbe et
qu'un écho de cette parole. Pourtant vous écoutiez, et celui qui

parlait vous était sympathique; vous reconnaissiez en lui un frère, et vous aviez besoin d'abandonner votre esprit et votre cœur à l'impulsion qu'il leur communiquait. Et à mesure qu'il parlait, encore qu'il ne fût qu'un reflet et un écho, vous sentiez votre esprit s'éclairer, votre cœur s'échauffer, l'Église reprendre sa route dans vos pensées, le Christ remonter à son trône, les jours prêts à s'éclaircir et l'avenir préparer encore des triomphes. Mais si votre attention, si votre docilité vous valait déjà cet esprit qui se calme et ce cœur qui se possède, cependant vous voyiez venir le soir de ce jour qui vous avait été heureux, et, comme celui-là qui représentait le Seigneur semblait devoir passer sa route, vous lui disiez : « Pas encore, restez donc avec nous. » La série cependant des réunions était close; il n'y avait plus à rechercher ces longues prolongations de l'enseignement, mais vous insistiez : « Allons, encore un instant. La table n'a pas été dressée; le pain n'a pas été apporté, restez avec nous : *Mane nobiscum* », et notre cœur ne faisait pas grande résistance. Et voici que s'est assis à votre table, a participé au même banquet, celui dont le Seigneur avait pris le visage; et tout à l'heure, de même que pour soi il avait rompu le pain sacré, d'autres mains, divines aussi par leur ministère, ont rompu pour vous le pain sacré. *Et cognoverunt eum in fractione panis.* C'est l'heure de la véritable illumination; c'est l'heure de la véritable transformation.

Tant que l'homme a parlé, peut-être apportait-il une lumière grandissante, grâce à l'intervention divine en sa parole; mais ce n'était pas le Seigneur. Il fallait que le Christ vînt à vous dans le secret, son intelligence illuminant directement votre intelligence, son cœur échauffant directement votre cœur, sa force saisissant votre faiblesse et la fortifiant à l'égal d'elle-même, sa vie transformant votre vie et la divinisant comme la vie du Christ ressuscité. Il fallait qu'ainsi se révélât vraiment le secret des épreuves du Maître, la raison de la Rédemption par la Croix, que se montrât la raison de l'espérance que rien ne peut troubler, de la foi que les ombres ne peuvent plus diminuer, de la vigueur dans la vertu que les épreuves ne peuvent plus entraver : *In fractione panis cognoverunt eum.* Le pain a été rompu et vous avez pris votre part de la nourriture céleste. En vous, par conséquent, parle le Verbe; en vous agit la force de Dieu. Pourquoi l'homme parle-t-il encore? Pourquoi? C'est que lui-même est participant du même don; c'est que lui-même, dans la fraternité que vous lui avez offerte, ou plutôt qu'il vous a proposée et que vous avez acceptée, il est devenu l'un de vous; et, puisque vous ne pouvez tous parler pour dire ce qui se passe dans votre cœur, de même qu'avant il parlait au nom du Maître, vous lui demandez, maintenant, de parler en votre nom.

Maître, je vous apporte le témoignage de leur foi rayonnante, de leur amour ardent, de leurs espérances inébranlables, de leur charité qui veut se dépenser toujours et à jamais à votre service. Maître, nous savons maintenant que ce Christ humilié, outragé, broyé, descendu d'une croix au tombeau, ce Christ qu'ils ont raillé même dans sa tombe, nous savons que c'est le Seigneur. Nous l'avons reconnu à la fraction du pain. Et maintenant nous allons le disant à tous ceux qui veulent nous entendre. A ceux-là qui n'ont pas encore reçu la grâce de son apparition, ou qui, peut-être, se la sont interdite, parce qu'ils n'ont pas voulu participer à la fraction du pain, à ceux-là qui ne savent pas le don de Dieu, nous allons dire : Oh! vous êtes tristes, défaillants, découragés, mettez-vous donc sur sa route ; forcez-le de rester à votre table ; apportez votre pain, car c'est du blé semé par vos mains qu'il veut faire sa chair et son sang. Et quand il aura divisé le pain, que vous avez offert, afin de le manger avec lui, vous saurez que c'est le Seigneur. »

— Allons à ceux qui le méconnaissent, à ceux qui croient encore le tombeau fermé et montrons-leur, dans l'exaltation de notre triomphe, que la tombe s'est ouverte et ne pourra plus jamais se refermer. Car d'un pied dédaigneux, le Christ a rejeté loin de lui la pierre, ou plutôt, dédaignant de vaincre directement la mort, il a appelé l'un de ces anges qui le louent et l'adorent dans le ciel, afin que, du bout de son aile, il écartât l'obstacle et que lui, libre et dominateur, s'élançât à nouveau dans les siècles de l'éternité. Allons et disons-leur : « Le Christ est ressuscité : nous avons vu le Seigneur! »

Allons à ceux qui, comme nous, ont participé au banquet, mais n'ont pas eu la joie fraternelle qui est nôtre en cette merveilleuse réunion, et disons-leur : « Nous avons vu le Seigneur! » — Ils répondront : « Nous aussi nous l'avons vu, et nous en avons, les uns et les autres, une garantie : c'est qu'il s'est montré à Pierre. Le chef de son Église, celui qu'il a substitué à lui-même, pour être l'âme de son Église, nous atteste qu'il est ressuscité, par sa propre victoire sur l'enfer et la mort, qui rendent témoignage à la résurrection du Christ. Oui, le Seigneur est ressuscité.

Celui que le monde disait mort est vivant ; celui que la mort avait cru vaincre est vivant ; celui à qui on avait voulu fermer le temps est vivant pour les siècles des siècles ! Et avec lui nous commençons une vie nouvelle. Il s'y retrouvera peut-être des tristesses ; nous les dissiperons encore, en écoutant la parole qu'il nous fait dire par les siens, et quand cette parole aura encore une fois rajeuni nos esprits et nos cœurs, nous reviendrons ensemble, non pas comme quelqu'un qui s'isole et se cache, mais comme tout un peuple qui s'ébranle à l'appel de son roi, rompre le pain qui atteste, — par la rénovation de nos âmes, par l'union de la divinité à notre humanité, par la transformation de notre vie modeste en la vie divine, — que vraiment le Seigneur est ressuscité, et que désormais il ne meurt plus. Hier, dans les temps obscurs et troublés, il continuait de régner ; aujourd'hui qu'il se révèle, il est roi et maître, parmi nous, de tous les esprits et de tous les cœurs ; demain, il en sera de même, et après les jours accumulés, les siècles entassés et les éternités qui recommencent, il en sera de même encore. Le Christ était maître d'hier, le présent lui appartient, et il est à tout jamais régnant, bienfaisant, — glorifiant et réjouissant ceux qui l'aiment, dans les siècles des siècles. Ainsi soit-il !

AVIS IMPORTANT

Les Conférences paraîtront en volume très prochainement, soigneusement revues et enrichies de notes nombreuses.

On peut souscrire dès maintenant aux bureaux de la « Revue Thomiste », 222, faubourg Saint-Honoré, Paris.

Prix de catalogue .... 5 »
Prix de souscription (*franco*, en s'adressant directement à nous). 4 25

N. B. — On pourra toujours se procurer à nos bureaux la collection des fascicules parus, aux mêmes conditions que présentement.

PORTRAITS DU R. P. OLLIVIER

Photographie format album .... 2 »
—   format carte............................. 1 »

Conditions spéciales pour les portraits pris en nombre

Le Gérant : P. SERTILLANGES.

PARIS. — F. LEVÉ, IMPRIMEUR DE L'ARCHEVÊCHÉ, RUE CASSETTE, 17.

www.ingramcontent.com/pod-product-compliance
Lightning Source LLC
LaVergne TN
LVHW021723080426
835510LV00010B/1115